# OLAF SPECHT

# ZUKUNFTSBILDER FÜR DEUTSCHLAND

## Wege vom Wissen zum Handeln

Autor: Olaf Specht
Exportlehre in Hamburg, Technischer Volkswirt mit Fachrichtung Maschinenbau und Promotion an der TH Karlsruhe über Privatinvestitionen in Entwicklungsländern. Stipendiat des Evangelischen Studienwerks. Berufsschwerpunkte: Entwicklungs-, Investitionsplanung und Berufsausbildung in Afrika, Latein-Amerika und Asien; Internationales Industriemanagement in Deutschland und Frankreich, Professor für VWL und BWL an der FH Wedel und der University of Fort Hare Südafrika; Mitglied von Amnesty International.

Dank
Ich danke allen mit Quellenangabe angemessen zitierten Autorinnen und Autoren, deren Veröffentlichungen zur systematischen Suche von Erkenntnis wesentlich beigetragen haben.[1]

E-Mail: o.specht@gruene-stade.de

Layout und Formatierung: Wilfried Böhling


Lektorat und Bildbeschaffung: Hans-Joachim Grube


Verlag: BoD · Books on Demand GmbH, Überseering 33,
22297 Hamburg, bod@bod.de
Druck: Libri Plureos GmbH, Friedensallee 273, 22763 Hamburg
ISBN: 978-3-7693-0293-6

---

[1] Nach §51 UrhG eine wissenschaftliche Arbeit

# INHALT

# Inhalt Detailgliederung

Die Medien sind, wie Lotsen mitverantwortlich für gute Navigation in schwierigem Revier.

Die großen Aufgaben der Politik, wie Klimaschutz und Energiewende, Migrationsursachen, EU-Reform, Investitionslücke, Entwicklungszusammenarbeit, Demographie und Rentenreform sowie Krieg als Bedrohung von Freiheit und Frieden und die Maßnahmen zu deren Lösung müssen in der Demokratie von den gewählten Politikern kompetent und verständlich erklärt werden, damit die Bürgerinnen und Bürger gute Lösungsvorschläge erkennen und unterstützen können. – Dazu gehört die Fähigkeit der gewählten Politiker nutzlose Fragen nachzujustieren, um lösungsorientierte Antworten geben zu können. Dank solcher Wachsamkeit hätte das Thema Klimaschutz nicht aus dem öffentlichen Diskurs verschwinden dürfen, sondern hätte das Urteil des Bundesverfassungsgerichts und das Gutachten des Wuppertal-Instituts eine Steilvorlage für die Erkenntnis geboten, dass die Klimaschutzziele der Bundesregierung (insbesondere für die Sektoren Verkehr und Gebäude) insgesamt um den Faktor 2,5 gesteigert werden müssen, um unsere Pflichten aus dem Pariser Abkommen nicht krachend zu verfehlen. –

Unser Fußabdruck mit ständig früherem Weltüberlastungstag im August signalisiert die Gefahr, dass die Vernachlässigung der oben genannten großen Aufgaben und Bedrohungen zu einem globalen Kollaps unserer Lebensgrundlagen führen wird, wenn wir uns jetzt nicht bescheiden und unsere Ressourcenüberforderung wirksam korrigieren. - Dafür müssen Regierungen ähnlich wie Schiffs- oder Flugzeugbesatzungen funktionieren, d.h. solide Teamarbeit leisten. Jedes Regierungsmitglied muss dank guter Qualifikation für die Aufgaben eingesetzt werden, für die es am besten befähigt und verantwortlich ist. Jedes Mitglied ist zugleich mitverantwortlich für den Erfolg der anderen Mitglieder. Abweichungen vom Zielpfad werden zügig durch loyale gemeinsame Zusatzleistung korrigiert. Und für Gefahrensituationen, in denen Rettung von schneller Entscheidung und Anweisung abhängt, nutzt der „Kapitän" seine Weisungsbefugnis. – Hier folgen Fakten und Gedanken, um in dieser Richtung voranzukommen.

# 1. Wachstum unverändert weiter so führt zum Kollaps

Bild: PSL Images_Alamy Stock

Matterhorn (Foto: berggeist007/ pixelio)

## 1.1. Unsere Stärken und Schwächen - Chancen und Risiken

Deutschland ist, und das ist unser Glück, wie die meisten Länder der EU, ein weltweit bewundertes Einwanderungsziel. Wir haben eine der besten Verfassungen der Welt. Die Artikel 1-3 des Grundgesetzes (GG) und die Artikel 1-3 des Vertrags über die Europäische Union (EUV) versprechen und verpflichten uns einzutreten für Frieden, Freiheit und Demokratie und die Menschenrechte. Niemand darf wegen seiner Herkunft, seines Geschlechts, seiner Abstammung oder seines Glaubens benachteiligt werden. Wir sind ein wettbewerbsstarkes Hightechland mit Sozialer Marktwirtschaft und engagieren uns als Mitglied der **Vereinten Nationen** anerkannt für deren **17 Ziele für nachhaltige Entwicklung.** Im Internet[2] stehen die Informationen für Mitarbeit. Das sind unsere Chancen und Grund für Freude und Zuversicht.

Aber der amerikanische Evolutionsbiologe Prof. Jared Diamond warnte schon 2010 in „Kollaps"[3] vor folgenden zusammenhängenden Hauptrisiken, die alle vom Klimawandel verschärft werden:

| Umweltprobleme | Erschöpfung von |
|---|---|
| Landverlust | Primärenergie (Öl, Gas, Uran) |
| Fischsterben, Waldsterben | Süßwasser |
| Artensterben | Flächen für Photosynthese |
| Bodenerosion | |
| **Gesundheitsgefährdung durch** | |
| Artenwanderung | Bevölkerungswachstum |
| Treibhausgase | Vermüllung der Meere |
| Industriegifte | |

Das deutsche Geschäftsmodel: billige Energie aus Russland, billige Importe aus und teure Exporte nach China, Sicherheit aus USA ist nicht zukunftsfähig. Teile unserer bisherigen Stärken sind nun Schwächen. Wir müssen neue Risiken in Chancen verwandeln.

---

[2] www.un.sustainable.development.goals

[3] Jared Diamond, Kollaps, Warum Gesellschaften untergehen, Frankfurt/M 2010 Kapitel 16, S. 599 - 648

## 1.2. Benachteiligte Länder des globalen Südens begehren auf gegen anhaltende postkoloniale Ausbeutung durch wohlhabende Länder des globalen Nordens[4]

Zu den Herausforderungen der neuen internationalen Ordnung stellt Rüdiger von Fritsch (nach wichtigen internationalen Positionen war er von 2010 - 2014 deutscher Botschafter in Polen und von 2014 bis 2019 deutscher Botschafter in Russland) die folgenden Fragen[5]:
- „Welchen Weg wird China gehen?
- Wie werden sich aufstrebende Länder des Südens künftig positionieren – insbesondere Indien, aber auch Länder wie Indonesien, Vietnam, Chile oder Ägypten?
- Welchen Weg werden die USA wählen?
- Wird die internationale Staatengemeinschaft in der Lage sein, gemeinsame Antworten auf die großen Herausforderungen unserer Zeit zu finden, insbesondere den Klimawandel?
- Wird es den Europäern, deren weltpolitische dominierende Rolle zu Ende gegangen ist, gelingen, so geschlossen aufzutreten, dass sie ein sicherheitspolitisch zur Selbstbehauptung fähiger Akteur werden?“

## 1.3 Welt-Unordnung[6] wird zur neuen Normalität

Der Professor für Internationale Politik an der Universität der Bundeswehr, Carlo Masala, warnt 2022 in seinem Buch „Welt-Unordnung“ vor den Illusionen des Westens:
- Der Illusion, die Globalisierung führe zur Verbreitung der Demokratie
- Der Illusion zunehmender Stärke des internationalen Rechts und der internationalen Institutionen
- Der Illusion, mit militärischer Intervention Demokratie und Stabilität exportieren zu können.

---

[4] Brand, U. u. Wissen, M., Kapitalismus am Limit, München 2024, S.18 f.,

[5] Rüdiger von Fritsch, Welt im Umbruch, was kommt nach dem Krieg?, Berlin 2023, S. 32 f.

[6] Carlo Masala, Welt-Unordnung, Die globalen Krisen und Illusionen des Westens, München 2022, S.5 und Rückseite

Masala schließt sein Buch mit der Feststellung:[7]

„...es bleibt weiterhin Faktum, dass die USA (inklusive ihrer Vebündeten) immer weniger in der Lage sind, ihre Intentionen in der internationalen Politik um- und durchzusetzen. Die Ausstrahlungskraft des globaldemokratischen Westens mit dem von ihm seit 1945 maßgeblich geschaffenen internationalen System sinkt beständig. Es ist also sehr wahrscheinlich, dass der Kampf um die Vorherrschaft in den kommenden Jahren an Schärfe deutlich zunehmen wird." Das angebliche chinesische Sprichwort: Mögest du in interessanten Zeiten leben, sei nicht nett gemeint. Es sei ein Fluch.

## 1.4 Schellnhuber warnt mit Matterhorngleichnis vor dem Kollaps

Unser Fußabdruck mit immer früherem Weltüberlastungstag beweist, dass der Ressourcenverbrauch der Wohlstandsgesellschaften begonnen hat, unsere Lebensgrundlagen zu zerstören. Wir müssen unsere Lebensgewohnheiten für eine lebenswerte Zukunft ändern. Verwüstetes Ahrtal, ausgetrocknete Poebene und rapides Artensterben markieren unseren Weg in den Kollaps durch „Selbstverbrennung" (Schellnhuber).

Die Bedeutung von Arm und Reich hat im Vorfeld von Klimakatastrophen eine neue Dimension, die über alte und neue Links- und Rechtsvorstellungen hinausgeht. Das verdeutlicht Schellnhuber mit einem Gleichnis, das dem Thema den Ernst verleiht, den es verdient[8]:

Stellen Sie sich vor, eine bunte Reisegesellschaft aus gut ausgerüsteten fitten Sportlern, locker gekleideten Hausfrauen und Rentnern bis hin zu sonnenhungrigen Genussurlauber/innen in Badekleidung und leichten Sandalen hat sich am Fuß des Matterhorns versammelt, um gemeinsam dessen Gipfel zu ersteigen. Die Gruppe wird von der Reiseleitung zweigeteilt in die *Fitten* und die *Untrainierten*. Damit beide Gruppen den Gipfel erreichen, werden alle Teilnehmer mit einem

---

[7] Ebenda, S.180
[8] H. – J., Schellnhuber, Selbstverbrennung, München 2015, S. 693-698

Gummiseil verbunden, an dem die vorn voransteigenden *Fitten* die *Untrainierten* nachziehen werden. - Natürlich kommen die *Fitten* gut voran, während die *Untrainierten* sich mühend zurückfallen. Als klar wird, dass die *Untrainierten* den Aufstieg nicht schaffen werden, überspannt sich das Seil und die *Fitten* sind inzwischen so weit aufgestiegen, dass sie von dem Seil zurückgehalten großes Geröll lostreten, das auf die *Untrainierten* hinunterstürzt. Die *Strategie des Ziehens durch die Fitten* ist gescheitert. Die *Fitten* gelangen zwar weit aber nicht ganz nach oben. Die *Untrainierten* erleiden schweren Schaden durch das Geröll, das die *Fitten* losgetreten haben. – Schellnhuber gibt eine alternative Strategie zu bedenken. Die *Fitten* sollten hinter den *Untrainierten* aufsteigen und diesen in die Höhe helfen. Mit dieser *Strategie des Schiebens durch die Fitten* käme die Gruppe zwar gemeinsam langsamer voran, aber ohne große Gefahren und Schäden, die beim Vorauseilen der *Fitten* für die *Untrainierten* am gefährlichsten wären. – Das bedeutet: Der Klimawandel würde, bei weitgehend ungebremster Erderwärmung, als große von den Starken losgetretene Lawine die Schwächsten der Weltgemeinschaft am härtesten treffen, weil sie unzureichend informiert, ohne Geld am falschen Ort leben. – Eine Regierung, die eine in Schieflage geratene Werft für sehr große Kreuzfahrtschiffe mit Steuergeldern rettet, sollte hierüber nachdenken.

## 2.    Der Klimawandel beschleunigt den Kollaps

Foto: Clare Stockimo - Alamy Stock

Foto: Andres Siimon / unsplash

# Green Deal der EU [9]

**„Fit for 55": Wie die EU die Klimaziele in Rechtsvorschriften umsetzen will**

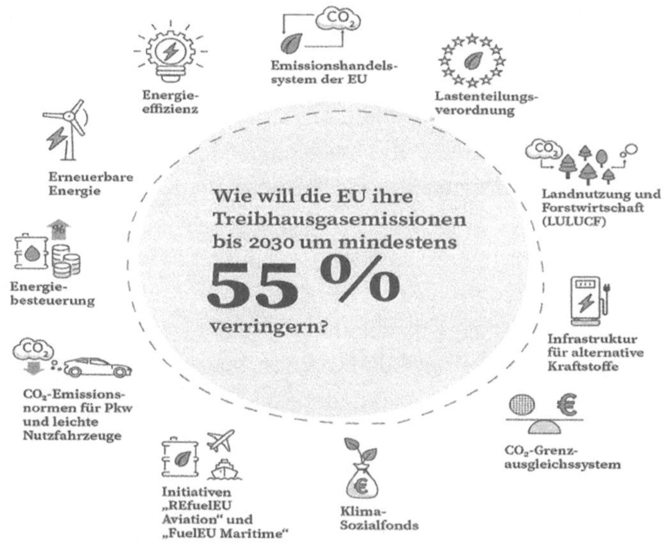


## 2.1 Klimakrise und Kapitalismus[10]

„Die sozial-ökologische Krise ist so schwerwiegend, dass wir uns der Realität des Kollapses nicht entziehen können: Er findet statt und wir müssen jetzt Entscheidungen treffen."[11]

Im Jahr 2022 warnte eine Gruppe prominenter Klimaforscher, die Klimakrise könnte sich zu einer globalen Katastrophe, einem möglichen *climate endgame*, entwickeln, das die komplette Auslöschung der Menschheit zur Folge haben würde. Die üblichen Klimaszenarien unterschätzten diese Möglichkeit, die aus wechselseitiger Verstärkung unterschiedlicher Krisen resultiere – Klimakrise, Biodiversität oder Pandemie. Wir sollten deshalb auch mögliche *worst-case*-Szenarien analysieren. Dazu gehöre auch die Erforschung früherer gesellschaftlicher Zusammenbrüche.

---

[9] Europäisches Parlament, Europa 2024, S.38

[10] Ulrich Brand, Markus Wissen, Kapitalismus am Limit, Ökoimperiale Spannungen, umkämpfte Krisenpolitik und solidarische Perspektiven, München 2024, S.14 ff.

[11] Maristella Svampa, in Brand, Wissen, op.cit. ebenda, Seite 13

Die Autor/innen des *endgame*-Textes untersuchen die ganz großen Fragen der planetaren Grenzen oder des Übergangs der Menschheit in ein neues Erdzeitalter, das Anthropozän. Sie berücksichtigen zunehmend auch die sozialen Dimensionen der ökologischen Krise und erkennen, dass soziale Ungleichheit ein Krisentreiber ist. Sie stellen kritisch fest, dass diejenigen, die am wenigsten Verantwortung für die Krise tragen, am stärksten von ihr betroffen sind.

Die *engame*-Autor/innen scheinen davon überzeugt, dass die Wucht der wissenschaftlich erwiesenen Wahrheit, dank effizienter Kommunikation die politischen Entscheidungsträger zu wirksamer Krisenpolitik zwingen werde. Brand und Wissen begründen am Beispiel der deutschen Ampel, dass dies ein „Trugschluss" sei, obwohl diese Regierung 2021 als „Fortschrittskoalition" gestartet sei und die soziale Marktwirtschaft zu einer sozial-ökologischen Marktwirtschaft weiterentwickeln wollte. Brand und Wissen begründen ihr Urteil, dass die Zuversicht ein Trugschluss sei, so: „Das liegt nur zum Teil daran, dass in der Ampel mit der FDP eine reformresistente Klientelpartei über ein enormes Erpressungspotenzial verfügt und nicht zögert, dieses bei jeder sich bietenden Gelegenheit zu aktivieren. Das Problem hat vielmehr tiefere Ursachen: Die Apparate des kapitalistischen Staates verfügen über enorme Kapazität, noch das größte Problem kleinzureden oder ganz zu ignorieren. Wird dann doch einmal ein ambitionierterer politischer Entwurf gewagt, so gerät dieser schnell in die Mühlen einer durch die Boulevardpresse verstärkten konservativ-populistischen Meinungsmache."

## 2.2 Deutschland muss seine Klimaschutz-Ziele erhöhen und seine CO$_2$-Emissionen müssen runter

Im Klimaschutzabkommen von Paris haben sich 2015 die 195 Unterzeichnerstaaten verpflichtet, in nationalen Klimaschutzplänen zu definieren, wie sie zur Begrenzung der Erderwärmung deutlich unter 2° Celsius beitragen werden, und vereinbarten, ihre Fortschritte in Klimakonferenzen zu belegen. Szenarien des

Weltklimarats (IPCC) der folgenden Grafik zeigen, dass die Welt noch auf dem Pfad zu 4° Erwärmung ist. (steile Kurve RCP 8.5) und weniger als 2° erreichbar sind (flache Kurve RCP 2.6).

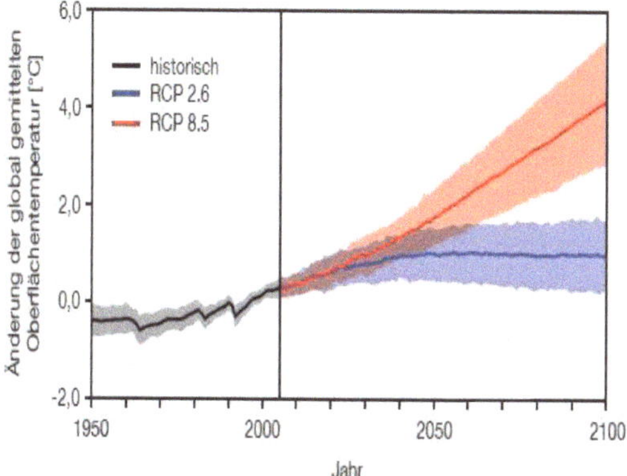


**Abbildung 1.5-1**
Modellsimulationen für die Abweichung der global gemittelten Oberflächentemperatur (Jahresmittel) gegenüber dem Vergleichszeitraum 1986 bis 2005. Um die Temperaturänderung gegenüber dem vorindustriellen Niveau zu erhalten, müssen zu den Werten an der Temperaturskala etwa 0,61 °C hinzuaddiert werden. Der schattierte Bereich zeigt den Unsicherheitsbereich. Quelle: IPCC, 2013b, leicht verändert

Mojib Latif, Professor am GEOMAR Helmholtz-Zentrum für Ozeanforschung, begründet seine Aufforderung, endlich „vom Wissen zum Handeln" zu kommen, mit „dem kleinen Zeitfenster, das der Menschheit noch bleibt, um das Ruder herumzureißen und eine Klimakatastrophe zu vermeiden." Die Verantwortung liege bei den Industrieländern. Kurzfristiges Denken und ungezügeltes Gewinnstreben seien die Hauptursachen dafür, dass die Industrieländer ihrer Verantwortung nicht gerecht werden.

„Die Lösungen wären vorhanden, zum Beispiel in Form der erneuerbaren Energien und einer Kreislaufwirtschaft. Es hapert aber an deren Umsetzung. Der um sich greifende Populismus und eine allzu zögerliche Politik erschweren die Einführung innovativer Technologien."[12]

---

[12] M. Latif, Heißzeit, Freiburg, Basel, Wien 2020, S. 199

## 2.3    Zehn-Punkte-Plan zum Klimaschutz von Mojib Latif [13]

wörtlich:

### *(1)  „Die Allianz der Willigen"*

Die Verhandlungen unter dem Dach der Vereinten Nationen führen nicht zum Erfolg. Die Länder, die sich ernsthaft dem Klimaschutz verpflichtet fühlen, sollten vorangehen. Deutschland sollte die Allianz der Willigen anführen.

### *(2)  Fairer Ausgleich zwischen Industrie- und Entwicklungsländern*

Die historische Verantwortung liegt bei den Industrieländern. Sie müssen ihre Emissionen schnell senken und die nachhaltige Entwicklung der Entwicklungsländer fördern, finanziell und durch Technologietransfer. Dies würde zudem die Demokratisierung fördern.

### *(3)  Abbau klimaschädlicher Subventionen und $CO_2$-Bepreisung*

Klimaschädliche Subventionen gehören abgebaut. Eine angemessene $CO_2$-Bepreisung ist nötig. Die Einnahmen sollten für den sozialen Ausgleich und den Strukturwandel verwendet werden.

### *(4)  Massiver Ausbau der erneuerbaren Energien*

Alle Strategien zur Klimaneutralität erfordern einen schnellen und massiven Ausbau der erneuerbaren Energien. Mehr Dezentralität in der Energieversorgung ist unerlässlich.

### *(5)  Geldströme in nachhaltige Investments lenken*

Finanzströme müssen umgelenkt werden und die Politik muss die entsprechenden Rahmenbedingungen schaffen. Gesetzliche Regelungen dürfen nicht tabu sein.

### *(6)  Industrielle Nutzung von $CO_2$ aus der Luft*

Die Menschheit wird es realistischerweise nicht schaffen, ab 2050 ohne fossile Energieträger auszukommen. Es wird der Luft überschüssiges $CO_2$ entzogen werden müssen. Aufforstung allein wird nicht reichen. Verfahren müssen entwickelt werden, die $CO_2$ aus der Luft nutzen.

---

[13] M. Latif, ebenda, S.205 ff.

*(7)   Kreislaufwirtschaft*

Wir leben in einer Überfluss- und Wegwerfgesellschaft. Die Menschheit muss den Weg in eine Kreislaufgesellschaft finden. Ressourcen effizienter nutzen und so wenig Abfall wie möglich produzieren.

*(8)   Beteiligung der Bevölkerung am Strukturwandel*

Eine breite gesellschaftliche Akzeptanz für Klimaschutz ist notwendig. Die Bevölkerung sollte am Strukturwandel beteiligt sein und von ihm profitieren, auch finanziell.

*(9)   Zielführende Klimakommunikation*

Verzichtsdebatten sind kontraproduktiv. Wir müssen Vorteile kommunizieren und Erfolgsgeschichten erzählen, nach dem Motto, „Klimaschutz ist cool und bringt Spaß", um so eine Aufbruchstimmung zu erzeugen.

*(10) Druck aus der Zivilgesellschaft*

Die Zivilgesellschaft muss Klimaschutz offensiv einfordern. Postfaktische Tendenzen müssen überwunden werden. Die Möglichkeit dazu gibt es an der Wahlurne. Populisten interessieren sich nicht für die Umwelt und würden zudem, wenn sie an die Macht kämen, Demokratie, Freiheit und Menschenrechte über Bord werfen."


## 2.4   Wuppertal-Institut: Defizite deutscher Klimapolitik

Im Auftrag von Fridays for Future[14] , zeigt das Wuppertal-Institut in der Ergebniszusammenfassung im Internet, was konkret versäumt wurde und wir ändern müssen. Darauf kann hier nur sehr gekürzt hinweisen werden, um auf das Ausmaß notwendiger Veränderungen und die Bedeutung dieser Studie aufmerksam zu machen. [15]

Die folgende Grafik veranschaulicht Szenarien des Weltklimarats (IPCC) und des Sachverständigenrats für Umweltfragen (SRU).

---

[14] www. Schlüsselergebnisse des Wuppertal Instituts.de/CO2neutral bis 2035
[15] Ebenda S. 1-4

(1) Das dunkle Dreieck zeigt, dass Deutschland bis zur Klimaneutralität von 2020 bis 2035 nur noch 4,2 Mio. t $CO_2$ ausstoßen darf.
(2) Die helle gestrichelte Linie von 2020 bis 2050 zeigt, dass Deutschland mit den Zielen der Bundesregierung Klimaneutralität aber erst 2050 erreichen würde, und dadurch die 2,5-fachen $CO_2$-Emissionen von 10,3 Mio.t. verursachen würde.

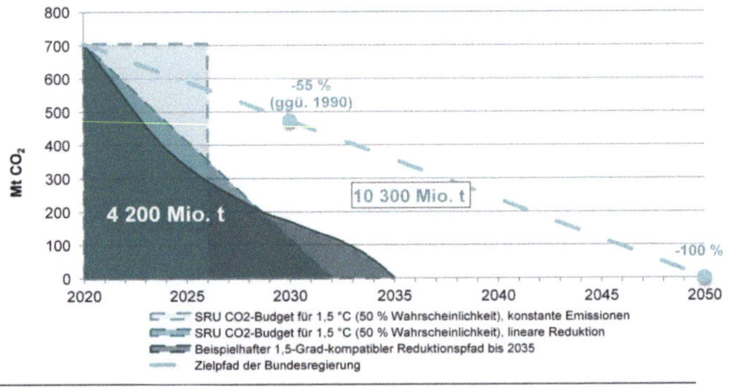


Abbildung 1: Beispielhafter Emissionspfad zur Einhaltung des deutschen 1,5-°C-Budgets, inkl. aktueller Ziele der Bundesregierung (eigene Darstellung, basierend auf SRU 2020)'

<u>Die Veränderungsziele und Maßnahmen der Bundesregierung müssen also etwa um den Faktor 2,5 gesteigert werden, damit Deutschland seine Zusagen des Pariser Klimaabkommens nicht deutlich verfehlt.</u> Der Makroökonom Rainer Baake begründet die Notwendigkeit, dass die Energieeffizienz der Mobilität (durch guten ÖPNV) und von Gebäuden (durch Altbausanierung) sehr erhöht werden muss, um deren Energiebedarf zu 100% mit $CO_2$-freiem Strom decken zu können.[16]

---

[16] in C. Turmes, Die Energiewende, eine Chance für Europa, München 2017,S.9

## 3. Europas letzte Chance, Reformen mit gemeinsamen Investitionen [17]

Illustration copyright by Oliver Boehmer

*Abbildung 1*
### Das Zieldreieck für institutionelle Reformen der EU

© 2023 Gruppe der Zwölf

---

17 Sagt der frühere EZB-Chef Draghi im Bericht über Wettbewerbsfähigkeit, in, Europas letzte Chance, SZ No.213, 14./15.9.2024

## 3.1 Historiker warnten 2016 vor Europas Sturz in den Abgrund

Geprägt von den Erfahrungen des zweiten Weltkriegs warb Winston Churchill schon 1946 für ein Vereinigtes Europa, um den Frieden zu sichern.

Die Historiker Brendan Simms & Benjamin Zeeb haben 2016 in ihrem Buch „Europa am Abgrund, Plädoyer für die Vereinigten Staaten von Europa" gewarnt, in den vergangenen Jahren seien drei verhängnisvolle Mängel der europäischen Integration sichtbar geworden:

**<u>Erstens</u>** sei eindringlich erkennbar geworden, dass es unmöglich sei, eine Währungsunion zu verwirklichen ohne vollständige politische Union oder zumindest eine enge wirtschaftliche und fiskalpolitische Koordination. Es habe sich gezeigt, dass

**<u>Zweitens</u>** Europa unfähig sei, sich auf eine gemeinsame Haltung in innen- und weltpolitischen Fragen zu verständigen und

**<u>Drittens</u>** habe Deutschland seine starke Exportstellung mit weiter hohen Leistungsbilanzüberschüssen behauptet. Aber Deutschland habe weder eigene Bereitschaft zu strategischer Führung entwickelt noch diese bei anderen gefördert. Dadurch sei ein System ähnlich dem Heiligen Römischen Reich geschaffen worden, das nicht wie die Amerikaner Macht bündelt und mobilisiert, sondern Europas demographisches, ökonomisches und militärisches Potential zerteilt, geschmälert und vergeudet habe.

Die Historiker Simms und Zeeb folgern: Es gebe keinen Grund für den Glauben, dass die Entwicklung zu einer vollständigen politischen Union selbstverständlich und irreversibel erfolge. Sie werde nicht kommen solange wir sie nicht selbst herbeiführen. [18] Sie sind überzeugt: „Wenn wir jetzt die Chance nicht ergreifen, den Sturz unseres Kontinents in den politischen Abgrund zu verhindern, werden wir dazu keine weitere Gelegenheit mehr bekommen."[19] Um diesen Absturz zu vermeiden, gibt es seit September 2023 die in Punkt 3.3 und 3.4 zusammengefassten machbaren Reformvorschläge. Aber vorher sind wichtige Tatsachen in den Blick zu nehmen.

---

18 B., Simms und B., Zeeb, Europa am Abgrund. München 2016, S.9 und 129: zu heraufziehenden Gefahren
19 Ebenda S.130

## 3.2 „Die Wettbewerbsfähigkeit der EU steht auf dem Spiel"[20] warnen EU-Konzernchefs und Ex-EZB-Präsident Mario Draghi

Deutsche Industrie-Vorstände, von Eon, Deutscher Bahn, SAP, RWE, und Siemens und ihre europäischen Kollegen von Renault und Nokia haben am 10.9.2024 die Kommissionspräsidentin der EU in einem offenen Brief gewarnt, dass der Industriestandort Europa seine Wettbewerbsfähigkeit verlieren werde – wenn Europa nicht schnell mehr in die Digitalisierung investiere.

Es sei dringend notwendig, "jetzt zu handeln und die Zukunft der europäischen digitalen Infrastruktur zu gestalten". Nur mit einem hohen Maß an Investitionen und angemessenen politischen Rahmenbedingungen könnten alle Branchen global wettbewerbsfähig bleiben. Die Manager fahren fort: "Als europäische Industrie brauchen wir eine verstärkte Zusammenarbeit und Investitionen in vertrauenswürdige, sichere, widerstandsfähige und qualitativ hochwertige Verbindungsmöglichkeiten sowie in die Computerinfrastruktur."

Der frühere Präsident der Europäischen Zentralbank (EZB), <u>Mario Draghi</u>, hat die EU zu „massiven" Investitionen in Wirtschaft, Verteidigung und Klimaschutz aufgerufen. Nötig seien „zusätzlich jährliche Mindestinvestitionen von 750 bis 800 Milliarden Euro", entsprechend 5% des Bruttoinlandsprodukts der EU schreibt Draghi in einem Strategiebericht zur EU-Wettbewerbsfähigkeit, den er am Montag 9.9.2024 in Brüssel vorstellte. Dafür empfahl er die Aufnahme von Gemeinschaftsschulden wie zuletzt in der Corona-Pandemie. Ohne eine gemeinsame Anstrengung in dieser Größenordnung und eine grundlegende Neuordnung der Entscheidungs- und Arbeitsverfahren werde Europa von den USA und China abgehängt.

<u>Bloomberg</u> berichtet: Draghi sehe die aktuellen wirtschaftlichen Herausforderungen als „existenzielle Bedrohung". Draghi betone die Notwendigkeit fortschrittlicher Technologien, Klimaschutzmaßnahmen und einer besseren Absicherung kritischer Rohstoffe wie der knappen Seltenen Erden. Europa falle zurück und habe einen Innovations-

---

[20] msn Brüssel-Nachricht, 09.09.2024

rückstand in der Automobilindustrie, Telekommunikation und müsse die Kooperation seiner Rüstungsindustrie verbessern.

Die EU sei die zweitgrößte Wirtschaftsregion der Welt. Ihr BIP (Bruttoinlandsprodukt) erreichte 2023 laut Statista rund 16,97 Billionen Euro nach den USA mit 27,4 Billionen Dollar (24,7 Billionen Euro). Draghi weise ferner darauf hin, dass das Wirtschaftswachstum der EU „dauerhaft langsamer" als das der USA sei. Um seine ambitionierten Ziele der Wirtschaftstransformation zu erreichen, müsse Europa seine Produktivität deutlich steigern und seine Förderrichtlinien für strategisch wichtige Sektoren lockern.

Die europäische Industrie, insbesondere die Automobilbranche, bleibe hinter China zurück. Laut Bloomberg benötigen allein die vier größten emissionsintensiven Industrien der EU in den nächsten 15 Jahren 500 Milliarden Euro zur Dekarbonisierung.

Draghis Forderungen seien auch eine Reaktion auf das Subventionsprogramm von US-Präsident Joe Biden mit der Bezeichnung „Inflation Reduction Act" (IRA). Laut Angaben des DIHK habe er ein Volumen von 738 Milliarden Dollar (665 Milliarden Euro).

Mit hohen Subventionen locken die USA wichtige Industrien in ihr Land, beispielsweise den Bau von E-Autos. Allein die Steueranreize belaufen sich auf rund 270 Milliarden Dollar. Voraussetzung für den Erhalt der staatlichen Mittel ist ein Aufbau der Produktion in den Vereinigten Staaten. Das rief massive Kritik in der EU hervor.

Am gleichen Tag fordert der Chef des IFO-Instituts eine deutliche Reduzierung von hinderlicher Bürokratie als zwingende Voraussetzung für hinreichende Mobilisierung privaten Kapitals. Erst danach könne es sinnvoll sein über gemeinsame Kreditaufnahme der Euroländer zu sprechen. Dies Argument ist zutreffend und wird einprägsam, wenn wir bedenken, dass beim Aufbau der Bundesrepublik die Ankündigung der Gewerkschaften von „Dienst nach Vorschrift" als lähmende Vorstufe von Streik galt. Und vergleichbare Lähmungen leisten wir uns heute als Normalfall. Kurz: ein gründliches Umdenken ist unverzichtbar. Im Spiegel No.42 vom 12.10.24 berichtet ein Maschinenbauunternehmer, dass er für die Genehmigung eines Fabrikbaus in den USA vier Wochen benötigt habe, während die entsprechende Genehmigung in Deutschland vier Jahre gedauert habe. Da müsse sich bei uns akut Wesentliches ändern."

## 3.3 Reformvorschläge der Deutsch-Französischen Arbeitsgruppe [21]

„Die Europäische Union (EU) steht an einer kritischen Wegscheide, die von der Verschiebung der geopolitischen Gewichte, transnationalen Krisen und innerer Komplexität gekennzeichnet ist. Aus geopolitischen Gründen ist die EU-Erweiterung auf der politischen Tagesordnung weit nach oben gerückt. Doch die EU ist noch nicht darauf vorbereitet, neue Mitglieder aufzunehmen, weder in institutioneller, noch in politischer Hinsicht." So beginnt der Bericht der von der deutschen und der französischen Regierung eingesetzten „Arbeitsgruppe zur Vorbereitung von institutionellen Reformen der EU." (...-...)

Im September hat diese „Gruppe der Zwölf" nach mehreren Monaten der Beratung ihren Bericht mit den Ergebnissen ihrer Arbeit vorgelegt.

Die <u>Empfehlungen sind auf drei Ziele</u> ausgerichtet:
1. die Rechtsstaatlichkeit und demokratische Legitimität der EU zu stärken,
2. die Handlungsfähigkeit der EU zu erhöhen und
3. die EU bereit für die Erweiterung zu machen.

**Der Bericht ist in entsprechende Hauptteile gegliedert.**

## I. Schutz der Rechtsstaatlichkeit

Die Rechtsstaatlichkeit stellt einen nicht verhandelbaren konstitutionellen Grundsatz der Funktionsweise der EU und eine Voraussetzung für den Beitritt zur EU dar.. Dieser Bericht enthält mehrere Vorschläge, wie die EU die Rechtsstaatlichkeit schützen und fördern kann.

## II. Institutionelle Herausforderungen angehen

1. Den gegenwärtigen EU-Institutionen fehlt es an Flexibilität und ihre Arbeit wird durch die Komplexität und hohe Anzahl der Akteure erschwert. In dem Bericht wird vorgeschlagen, die Zahl der Abgeordneten des Europäischen Parlaments nicht über die

---

[21] www.auswärtigesamt.de/de/ deutsch-französische Expertengruppe zu institutionellen Reformen der EU

aktuellen 751 zu erhöhen und die Größe des Kollegiums der
Kommission auf zwei Drittel der Mitgliedstaaten zu verringern
oder ein hierarchisches Modell zu entwickeln.

2.  Vor der nächsten Erweiterung sollte die qualifizierte Mehrheit bei
    der Beschlussfassung in allen verbleibenden Politikbereichen die
    Einstimmigkeit ablösen.

3.  Darüber hinaus sollte dies, außer im Bereich der Außen-,
    Sicherheits- und Verteidigungspolitik, durch eine uneinge-
    schränkte Mitentscheidung des Europäischen Parlaments (im
    Rahmen des ordentlichen Gesetzgebungsverfahrens) ergänzt
    werden, um eine angemesene demokratische Legitimität zu
    gewährleisten. Es wird empfohlen, die EU-Zuständigkeiten
    klarer zu definieren.

4.  Die Schaffung einer Art Gemeinsamen Kammer der Höchst-
    gerichte in der EU wird empfohlen, um den Dialog zwischen
    Gerichten zu verbessern, ohne dass dabei verbindliche Entschei-
    dungen getroffen würden.

5.  Um die Herausforderungen der Reform der EU-Politiken und der
    Mittelzuweisung im Kontext der Erweiterung zu meistern und die
    EU mit den erforderlichen finanziellen Mitteln für eine schnelle
    Reaktion auf neu entstehende Krisen auszustatten, empfiehlt der
    Bericht eine Aufstockung des EU-Haushalts sowohl nominell als
    auch im Verhältnis zum BIP und seine flexiblere Gestaltung. Dies
    umfasst die Schaffung neuer Eigenmittel, eine Entwicklung hin
    zu qualifizierter Mehrheitsentscheidung bei den Ausgaben und
    die Befähigung der EU zur Aufnahme gemeinsamer Schulden in
    der Zukunft.

## III  Vertiefung und Erweiterung der EU

1.  Drei alternative Szenarien für eine Reform der EU werden als
    Teil eines Pakets, das auch die Beitrittsverträge enthält, erör-
    tert. Bei fehlender Einstimmigkeit über die Vertragsänderung

würde ein Zusatzvertrag zwischen reformwilligen Mitgliedstaaten eine Differenzierung innerhalb der EU ermöglichen. [22]

2. In dem Bericht wird daran erinnert, dass die EU bereits über verschiedene Mechanismen zur Differenzierung verfügt und diese erforderlich sein werden, um den unterschiedlichen Präferenzen von mehr als 30 EU-Mitgliedstaaten Rechnung zu tragen. (1)Eine Differenzierung könnte zu **vier Dimensionen der europäischen Integration** führen, bestehend aus (1) einem inneren Kreis der vertieften Integration in Bereichen wie dem Euro- Raum oder Schengen, (2) der EU selbst, (3) einem Kreis assoziierter Mitglieder unter Beteiligung am Binnenmarkt mit Einhaltung gemeinsamer Grundsätze sowie (4) schließlich der Europäischen Politischen Gemeinschaft (EPG) als äußerer Dimension für politische Zusammenarbeit ohne die Notwendigkeit, dabei an EU-Recht gebunden zu sein. - Diese Vereinbarung muss flexibel und offen bleiben, je nachdem wie stark der Willen der Staaten ist, sich zu integrieren und die entsprechenden Kriterien und Grundsätze zu erfüllen.

Abschließend wird in diesem Bericht erörtert, wie der EU-Erweiterungsprozess zu bewältigen ist. Es erfolgte bereits eine Revision, wobei die Verhandlungen in sechs Cluster aufgeteilt wurden und Bewerberländer die Möglichkeit erhalten, schrittweise in einzelne EU-Strategien und -Programme einbezogen zu werden.

Der Bericht empfiehlt, beiden Seiten (der EU und den Bewerberländern) das Ziel zu setzen, bis 2030 für die Erweiterung vorbereitet zu sein. Er ruft dazu auf, die Erweiterungsrunden in kleinere Gruppen von Ländern („Regatta") aufzuteilen, um einen leistungsorientierten Ansatz zu gewährleisten und potenzielle Konflikte zu bewältigen. Und schließlich hebt er neun Grundsätze für künftige Erweiterungsstrategien hervor, die alle darauf ausgerichtet sind, den Prozess wirksamer, glaubwürdiger und politisch orientiert zu gestalten.

---

[22] Das entspräche einer Reform der Eurozone, wie von Pikettys Team vorgeschlagen und hier im Folgenden als Punkt 3.4 vorgestellt.

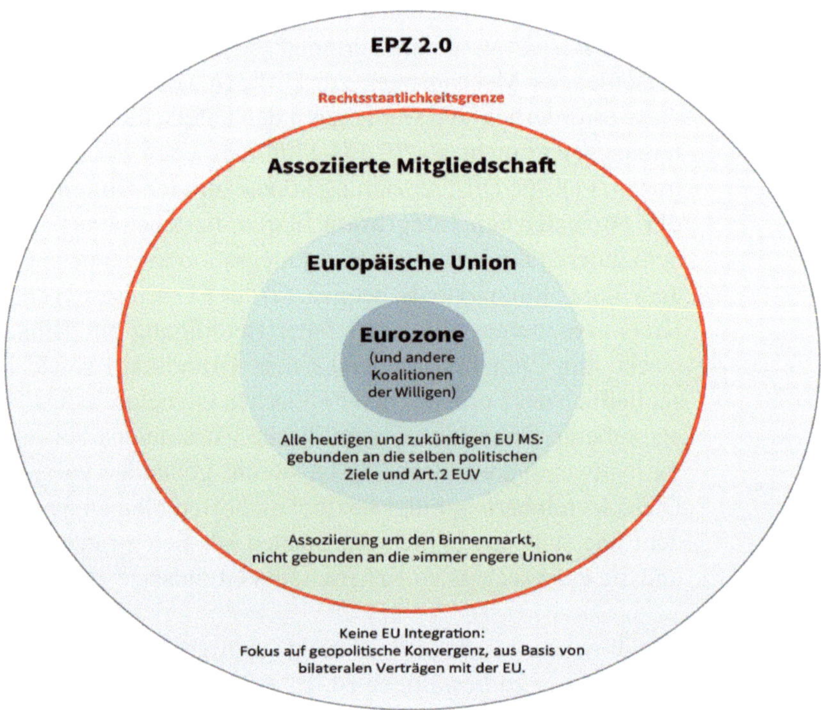





Die Tatsache, dass diese dringenden Reformvorschläge nach ihrer Veröffentlichung in der Süddeutschen Zeitung im September 2023 in der politischen Debatte und in den Medien ignoriert wurden, hat wahrscheinlich zwei an Fahrlässigkeit grenzende Gründe: Erstens Angst vor der Ablehnung durch viele antieuropäisch gestimmte Wähler und Wählerinnen sowie zweitens Nachdenkverweigerung aus Bequemlichkeit oder Inkompetenz. Das muss geändert werden von denen, die für die Zukunft Europas Verantwortung übernommen haben.

## 3.4    Demokratische Versammlung der Eurozone [23]

Das Team Piketty-Hennette und andere schlägt den aktuellen Rechts-
normen entsprechend sehr detailliert die Demokratisierung der Eurozone vor durch Schaffung einer Kammer der Euroländer aus Abgeordneten des Europaparlamentes und der nationalen Parlamente der Länder, die den Euro als Währung haben. Man muss es nur wollen und
machen.

**Hilfe und Katastrophenvorbeugung ist Gemeinschaftsaufgabe**
Art.222 AEUV verpflichtet alle EU-Mitglieder zu gegenseitiger Unterstützung in Katastrophen. Der Artikel 125 AUEV, verbietet zwar,
für Schulden anderer Mitgliedsstaaten der EU zu haften, erlaubt
ABER „gegenseitige finanzielle Garantien für die gemeinsame Durch-
führung eines bestimmten Vorhabens". Man muss sich also darauf
verständigen, dass dies auch gilt für Katastrophenvorbeugung mit gemeinsam finanzierten innovativen EU-Zukunftsinvestitionen[24], die
kein Staat allein meistern kann. Die ewige Verweigerung „keine
Transferunion" hat weder Würde noch Zukunft.
Kredite für seriös geplante rentable Zukunftsinvestitionen mit einer
zuverlässigen Tilgung und Amortisationszeit, also Rückgewinnungs-
dauer, in einer Größenordnung von etwa 15 Jahren belasten keine
kommenden Generationen. Sie dürfen nicht von einer Schuldenbremse blockiert werden.

## 3.5    Solidaritätsdefizit der Eurozone

Die Eurozone kann durch Austritt eines weiteren großen Landes kol-
labieren, vor allem wegen gravierender Ungleichgewichte im Außen-
handel ohne mögliche Anpassung durch Wechselkursänderung oder
Ausgleich durch gemeinsame Finanzpolitik. – Die Ökonomin  Frie-
derike Spieker und der Ökonom Georg Milbradt haben beim 23.
Karlsruher Verfassungsgespräch am 22.5.2023[25] übereinstimmend

---


[23] Stéphanie Hennette, Thomas Piketty und andere, Für ein anderes Europa, Vertrag
zur Demokratisierung der Eurozone, München 2017
[24] Schlüsselprojekte + faire Finanzierung: Heinr.-Böll-Stiftung, Europa, Solidari-
tät+Stärke,Bd.6, S.12f.+46
[25] Gesendet auf Phönix am 30.7.23

mit den Erkenntnissen der Ökonomen Keynes (1936) und Stiglitz (2008) erklärt, dass die ständigen hohen Exportüberschüsse von Deutschland bei uns willkommene Beschäftigung, Einkommen und privates Sparen steigern, während die entsprechenden Importüberschüsse in den Zielländern Probleme schaffen, nämlich Arbeitslosigkeit erhöhen, das Steueraufkommen senken und die Sozialkassen zusätzlich belasten, was notwendige Investitionen gefährdet und einen „Schuldenberg anhäuft". Um den zu tilgen, müsste man den Prozess umkehren, was nahezu unmöglich erscheint. Diese Schulden erschweren wesentlich eine humane Überwindung der Migrationsursachen. Das verstärkt die Austrittsfantasien der EU-Skeptiker und beflügelt den Zulauf zu EU-feindlichen Protestparteien.

Die Eurozone braucht analog zum deutschen Länderfinanzausgleich einen Fonds, in den Eurostaaten mit strukturellen Exportüberschüssen einzahlen und aus dem Länder mit strukturellen Importüberschüssen Investitionshilfen erhalten. Das entspricht Vorschlägen des Ökonomen Keynes.


## 3.6    Chancen und Konflikte des European Green Deal (EGD)

Brand und Wissen [26] schreiben: „Angesichts der Klimakrise, zunehmender internationaler Konkurrenz sowie einer bedrohlichen, auch durch die Austeritätspolitik bewirkten, Deindustrialisierung in den südeuropäischen Mitgliedstaaten scheint sich in der Industriepolitik eine staatsinterventionistische Wende zu vollziehen. Das ist keineswegs widerspruchsfrei, denn die industriepolitisch erforderlichen Investitionen des Staates stehen im Gegensatz zu einer nach wie vor neoliberal ausgerichteten Wettbewerbspolitik und einer Fiskalpolitik, deren Handlungsmöglichkeiten durch den Stabilitäts- und Wachstumspakt sowie durch den Fiskalpakt beschränkt werden.

---

[26] Brand & Wissen, Kapitalismus am Limit, op.cit. S114 f.

Allerdings sind diese Regelungen und ihre nationale Umsetzung in Gestalt von verfassungsrechtlich verankerten Schuldenbremsen angesichts der enormen Investitions- und Kriseninterventionserfordernisse in die Kritik geraten." Brand und Wissen[27] weisen ferner darauf hin, dass führende Mineralölkonzerne in 2022 große Gewinnsteigerungen erzielt haben und ein Hauptproblem darin bestehe, dass die beabsichtigte Transformation des EGD zu Klimaneutralität mit extremen Bedarfssteigerungen an fossiler Energie sowie knapper Rohstoffe verbunden sei, insbesondere Stahl, Zement und Seltene Erden.

---

[27] Brand & Wissen op.cit. S.115 f.

4.  **Migrationsansturm: Wer Europa bewahren will, muss Afrika retten, der Ukraine helfen und illegale Einwanderung beenden**

Foto: Silke Specht

Sitz der Afrikanischen Union in Addis Abeba  (Guenter Fischer / alamy.de)

**„Die Afrikanische Union (AU)**[28] wurde 2002 gegründet. Sie hat aktuell 55 Mitglieder und umfasst somit den gesamten Kontinent.

Gemäß der Gründungscharta erstreckt sich das Mandat der AU auf alle Bereiche des politischen, wirtschaftlichen und sozialen Zusammenlebens in Afrika. Insbesondere soll die AU die wirtschaftliche und politische Integration, die Sicherung von Frieden und Sicherheit, nachhaltige Entwicklung, sowie Demokratie, Menschenrechte und gute Regierungsführung in Afrika fördern. Auf globaler Ebene spricht sie für Afrika und koordiniert die Aktivitäten der afrikanischen Regionalorganisationen.

Die Gründung der Afrikanischen Union (AU) war ein Neubeginn in Afrika, mit dem Ziel einer stärkeren politischen und institutionellen Zusammenarbeit afrikanischer Staaten. Die 54 Mitgliedsstaaten stehen heute viel stärker in der Verantwortung für die Lösung der drängenden humanitären Probleme und der bewaffneten Konflikte auf dem Kontinent als noch vor zehn Jahren. Zudem wird die Afrikanische Union international immer mehr als Vertreterin afrikanischer Interessen wahrgenommen und akzeptiert."

Die AU wurde inzwischen in den Kreis der G20-Staaten aufgenommen und bewirbt sich um eine Aufnahme in der UN-Sicherheitsrat.

Deutschland und die Afrikanische Union arbeiten gemeinsam an grenzüberschreitender Infrastruktur für Afrika, nachhaltiger Energieversorgung und Bildungsprojekten.

Die AU gilt als Deutschlands wichtigster Partner in Afrika.


## 4.1  Europas Migrationspolitik ändert nicht die Ursachen. Afrikas Jugend macht sich auf zum alten Kontinent.

Der in Frankreich hoch respektierte Migrationswissenschaftler Stephen Smith erläutert folgende Entwicklung:[29]

Heute habe die Europäische Union rund 510 Millionen Einwohner, während es im benachbarten Afrika 1,3 Milliarden seien. In 35 Jahren

---

[28] Auswärtiges Amt.de/Afrikanische Union; Umfassende Information zu Deutschlands Engagement in Afrika vgl.im Internet unter BMZ und GTAI
[29] Smith, S.., Nach Europa!, Das junge Afrika auf dem Weg zum alten Kontinent, Berlin 2018, Klappentext

werde dieser Abstand noch viel größer sein – dann werde es nur noch schätzungsweise 450 Millionen stark gealterte Europäer und rund 2,5 Milliarden Afrikaner geben, von denen zwei Drittel jünger als dreißig Jahre sein werden.

Diese Entwicklung, werde zusätzlich durch den Klimawandel mit 100 Mio. u.U. sogar 300 Mio. Migranten verschärft. Der Migrationsdruck auf Europa werde in unbekannter Höhe sehr stark steigen. „Die einzige Gewissheit im Moment sei, dass sich eine gigantische „Migrationsbewegung" zwischen Afrika und Europa anbahne. (…-…)
In Afrika werde sich die Zahl der arbeitsfähigen Menschen in den kommenden 40 Jahren verfünffachen, während sie in Europa im gleichen Zeitraum um ein Drittel zurückgehen werde." (…-…)
Die demographische Asymmetrie zwischen den beiden Kontinenten sei doch eigentlich eine Chance, die es zu nutzen gelte. (…-…) Es sei jedoch völlig offen, ob das junge Afrika und der alte Kontinent sich gegenseitig aus der Patsche helfen könnten.

Man könne versuchen, die Augen davor zu verschließen; man könne statt dessen aber auch darangehen, diesen Prozess zu gestalten – möglicherweise zum Nutzen aller.[30] Eine Jahrhundertaufgabe, die höchste Priorität und Sorgfalt verdient.
Stephen Smith beschließt seinen umfassenden Bericht über die vielfältigen Aspekte und Erkenntnisse der Migration mit fünf <u>Szenarien möglicher Lösungen.</u>

Sein <u>erstes Szenario:</u> „Eurafrika" basiert auf einem freundlichen Empfang der afrikanischen Einwanderer. Nach einer Behandlung der unterschiedlichen Aspekte der Integration aus Sicht der Eingewanderten bzw. Sicht der Einheimischen folgert Smith: „ … ein „Eurafrika-Szenario" würde das Ende der sozialen Sicherung in Europa bedeuten, die auf einem Solidarpakt zwischen den Generationen fußt. Ein Wohlfahrtsstaat ohne Grenzen sei ein Widerspruch in sich, weil der intergenerationelle Vertrag eines Geltungsbereichs bedarf. (…-…) Der

---

[30] Ebenda S. 171

Sozialstaat vertrage sich nicht mit offenen Türen. Daher gebe es auch in den Vereinigten Staaten, dem Musterland der Immigration, keine soziale Absicherung, die diesen Namen verdient hätte."[31]

Sein zweites „Szenario: „Festung Europa" schließt er mit dem Satz: „Alle Versuche die Migrationsbewegung aus Afrika allein mit Sicherheitsmaßnahmen aufzuhalten, sind zum Scheitern verurteilt."[32] Als strenggenommen enttäuschend, aber kompatibel mit der Wirklichkeit nennt Smith

sein fünftes Szenario: „Sammelsurium", eine Kombination aller genannten Politikoptionen, ohne in einer Richtung zu übertreiben, das möglicher Weise den sehr unterschiedlichen Wirklichkeiten der einzelnen Mitgliedsländer am ehesten gerecht werde.

Ausgelassen habe ich das dritte Szenario, es heißt „Mafia-Drift", und das vierte „Rückkehr zum Protektorat". Beide spare ich aus als menschenrechtswidrig und besonders ungeeignet.

Am Ende seines Buches stellt Smith die Frage: Wie würde Afrika aussehen, wenn man seiner Zukunft all die Energie widmen würde, die jetzt aufgewendet wird, um dem Kontinent den Rücken zu kehren? Und ich ergänze: Was für Europa die Folge haben könnte, mit Afrika gemeinsam unregierbar zusammenzubrechen. Um eine solche Katastrophe zu verhindern gibt es konstruktive Vorschläge für eine sehr positive Entwicklung, die eine Mobilisierung allen guten Willens verdient. Die stelle ich unter Punkt 4.4 als Jahrhundertchance vor. Allerdings müssen wir vorher noch klären, welche Hindernisse und spätkolonialistischen Ausbeutungsinteressen als Voraussetzung für zukunftsfähige Partnerschaft überwunden werden müssen.

---

[31] Ebenda S.217
[32] Ebenda S. 220

## 4.2 EU-Afrika-Partnerschaftsverträge mit Ausbeutungseffekten

Asfa-Wossen Asserate schreibt in seinem Buch „Die neue Völkerwanderung" eine Dokumentation darüber, wie Europa systematisch unter dem Deckmantel von Partnerschaftsabkommen und Freihandel Afrikas Wirtschaft ruiniert, die Migration anheizt und Bedingungen zementiert, durch die sich Afrika und Europa gemeinsam in den Abgrund reißen werden, wenn Europa seine Afrikapolitik nicht grundlegend ändert. Die wichtigsten von Asserate vorgelegten Fakten sind folgende[33]: Europas Agrarindustrie überflutet mit stark subventionierten Produkten deutlich unter Herstellkosten die afrikanischen Märkte. 40% des EU-Haushaltes fließen als Subvention in die Landwirtschaft. Diese Subventionen waren ursprünglich zur Sicherung der Ernährung der europäischen Bevölkerung gedacht. Inzwischen sind sie Instrument eines ruinösen globalen Wettbewerbs, in dem die Landbevölkerung in Entwicklungsländern ihrer Existenzgrundlagen beraubt und aussichtslos zur Flucht getrieben wird. Das belegen folgende Beispiele aus Asserates Dokumentation: In Westafrika stieg der Import an Geflügelteilen, die in Europa nicht gefragt sind, in den letzten 5 Jahren von 200.000 Tonnen auf das Dreifache, 600.000 Tonnen. – In Burkina Faso brach die Milcherzeugung zusammen, weil die Molkereien auf billigeres Milchpulver aus Europa umstellten. – In Ghana sind die Märkte mit Tomatenkonserven aus Italien überfüllt. Das Land importiert z.Zt. 50.000 Tonnen Tomatenmark. In Italien sind folglich 46.500 Kleinbauern aus Ghana gestrandet. Dort ernten sie schlecht bezahlt die Tomaten, die zu Hause ihre Existenz vernichten. – In der Fischerei sieht es nicht besser aus. Die EU zahlt 60 Mio. € für unbegrenzte Fangrechte vor afrikanischen Küsten und westliche Schiffe fangen – nach Auskunft betroffener Fischer – in einer Nacht so viel wie heimische Fischer in einem Jahr. Das ist doch erkennbar das Gegenteil von Fairem Handel, den die UN im Geist der Partnerschaft in der „Agenda 2030" in Paragraph 30 mit folgendem Text verlangt: „Die Staaten werden nachdrücklich aufgefordert, mit dem Völkerrecht und der Charta der Vereinten Nationen nicht im Einklang stehende einseitige

---

[33] A.-W. Asserate, Die neue Völkerwanderung, Berlin 2016, S.168-172

Wirtschafts-, Finanz- oder Handelsmaßnahmen, die der vollen Verwirklichung der wirtschaftlichen und sozialen Entwicklung, insbesondere in den Entwicklungsländern, im Wege stehen, weder zu erlassen noch anzuwenden."[34]

**Dazu ist erforderlich,**
- dass wir Frankreich und Italien, die wie wir große Nettozahler der EU sind, einen Ausgleich unserer Exportüberschüsse ermöglichen.

- Schon jetzt beginnend, aber nach der Konsolidierung des Südens der EU intensivierend, müssen wir uns als solidarische Partner qualifizieren und helfen, den Nachbarkontinent Afrika wirtschaftlich und politisch zu stabilisieren.

- Die EU muss ihre Afrikapolitik grundlegend und wirksam zu fairem Handel im Sinne der Agenda 2030 der UN ändern!

- Afrika ist reich an Ressourcen, Land und Energie, aber in weiten Teilen schwach und korrupt. Afrika braucht Unterstützung zur Entwicklung der Energieversorgung mit Erneuerbaren Energien.

- Ohne Überwindung extremer Armut in Afrika wird wegen des Bevölkerungswachstums der gegenwärtige Migrationsdruck auf Europa dramatisch zunehmen, besonders der Ansturm der Armuts- und Klimaflüchtlinge, letztere können auf bis zu 100 oder sogar 300 Mio. anwachsen.

- Mit „weiter wie bisher" werden wir Afrika an China und Russland oder Indien verlieren, die in großem Stil in Afrika Land kaufen und sich Ressourcen sichern.


## 4.3  Energie für die Zukunft von Sub-Sahara-Afrika

Die IEA[35] berichtet: „Geschätzte 620 Millionen Menschen in Sub-Sahara-Afrika haben keinen Zugang zu Elektrizität. Rund 720 Millionen Menschen in der Region sind auf Biomasse zum Kochen und Heizen angewiesen mit fast 600.000 vorzeitigen Todesfällen jährlich wegen

---

[34] A.-W. Asserate, op.cit. S. 168
[35] www. IEA.World.Energy-Outlook 2040, S. 6

ineffizienter Herde mit Rauchentwicklung in den Wohnräumen. Sub-Sahara-Afrika hat 13 % der Weltbevölkerung, aber nur 4 % der Weltenergienachfrage (mehr als die Hälfte davon Biomasse). Die Region ist reich an Energieressourcen, aber diese sind weitgehend unerschlossen. Fast 30 % der Gasentdeckungen der Welt in den letzten fünf Jahren wurden in der Region erzielt. Sie verfügt auch über reiche Reserven an erneuerbarer Energie, insbesondere Solar- und Wasser- aber auch Wind- und geothermische Energie.

Das Sub-Sahara-Energiesystem ist im Begriff, sich schnell zu entwickeln, aber die vielfältigen Herausforderungen werden nur teilweise bewältigt werden.
Die Ölförderung von Nigeria, Angola und einigen kleineren Fördergebieten im Osten wie Mozambique und Tansania machen die Region weiterhin zu einem bedeutenden Zentrum der Weltölproduktion. Der Energiesektor der Region kann also mehr für die Gesamtentwicklung der Region leisten als bisher."

## 4.4  Neues EU-Afrika-Abkommen eine Jahrhundertchance

Die Themen Sozialreform, fairer Handel und Finanzierung der Infrastruktur müssen ins Zentrum des Abkommens rücken. Die Autoren Martin Schoeller und Daniel Schönwitz fordern in ihrem Buch Afrika First! 2020 einen neuen EU-Afrika-Pakt als Jahrhundertchance. Ihr Executive Summary nennt folgende Essentials:[36]

**„(1) Der größte Wirtschaftsraum der Welt: Europa und Afrika sind eine Schicksalsgemeinschaft mit gewaltigem Potential.**
Was gut ist für Afrika, ist langfristig auch gut für Europa.
(... - ...)

---

36 Schoeller, M., Schönwitz, D., Afrika First!, Berlin  2020, S.1-10 und 213-218; www.bergundfeierabend.de

**(2) Systemwettbewerb: Wir dürfen China nicht das Feld überlasen.**

China hat das Potenzial des Kontinents erkannt und klotzt im Rahmen seiner Seidenstraßeninitiative, während Europa noch kleckert. Das ist angesichts des verschärften Systemwettbewerbs nicht nur ein ökonomisches, sondern auch ein geostrategisches Risiko (... - ...)

**(3) Der ungeregelte Kapitalismus hat in Afrika auf ganzer Linie versagt - die Soziale Marktwirtschaft ist der Sieger der Systeme.**

Afrika hat jahrelang auf freie Märkte gesetzt – nicht zuletzt auf Drängen der westlichen Staatengemeinschaft. Doch anders als Anhänger der Trickle-Down-Theorie[37] prophezeit hatten, profitierten die Armen kaum vom Wachstum. ( ... - ...)

**(4) Weder „freier" noch „fairer" Handel haben die extreme Armut in Afrika beseitigt.**

Die meisten afrikanischen Entwicklungsländer und ein Großteil ihrer Einwohner gehören zu den Verlierern der Handelsliberalisierung. Ein Grund dafür ist, dass Europa an üppigen Agrarsubventionen festhält.

Und Fair-Trade-Initiativen? Die helfen, sind aber oft nur ein Tropfen auf den heißen Stein. Das liegt daran, dass ein Großteil der Wertschöpfung meist weiter in Europa stattfindet. (... - ...)

**(5) Die Soziale Marktwirtschaft und Europa sind riesige Chancen für Afrika.**

Wer Armut und Hunger besiegen will, muss konsequent auf die Soziale Marktwirtschaft bzw. das European Economic Model setzen. Doch soziale Standards, wie wir sie kennen, gibt es in Afrika kaum; ( ... - ...)

---

37 Trickle-Down-Theorie besagt, Einkommenssteigerungen von Wohlhabenden führen über Investitionen zu mehr Arbeitsplätzen und Einkommen für Einkommensschwache, was möglich, aber heute nicht die Regel ist. (Sp.)

**(6) Mindestlöhne und Absicherungen für Arbeitslose spielen eine Schlüsselrolle.**
Ein entscheidender Schritt auf dem Weg zum European Economic Model ist eine soziale Absicherung für Menschen, die ihren Job verlieren. (... - ...)

**(7) Sozialreformen und faire Löhne sorgen für sinkende Geburtenraten – und führen in eine Positivspirale.**
Eine Kernthese dieses Buches (Afrika first!) ist, dass Sozialleistungen und höhere Löhne entscheidend dazu beitragen, das Bevölkerungswachstum zu stoppen (... - ...)

**(8) Nachhaltigkeit: Die Welt ist reif für „Wohlstand für alle".**
Dank des technischen Fortschritts und der Kreislaufwirtschaft können wir den Wohlstand steigern, ohne Umwelt und Klima zu belasten. (… - …) Dafür muss Europa Investitionen in erneuerbare Energien und andere saubere Technologien fordern und fördern. (... - ...)

**(9) Europa hat drei mächtige Hebel,[38] um Reformen im Sinne der Sozialen Marktwirtschaft zu fördern – im Rahmen von Partnerschaften auf Augenhöhe.**
Das Konzept „Kredit bzw. Garantien mit Reformen", mit dem Europa die Schuldenkrise gemeistert hat, hat für den Aufbau Afrikas riesiges Potential. Deshalb wollen wir Länder, die Reformen im Sinne der Sozialen Marktwirtschaft anschieben, dreifach unterstützen mit: **Finanzierung (... - ...) Entwicklungshilfe (…-…) & fairem Handel** mit mehr Wertschöpfung in Afrika." (Zitat Ende)

---

[38] Hebel bedeutet Mobilisierung von Krediten ergänzend zu Eigenkapital.

## 4.5  Ukrainehilfe dient der Selbsterhaltung Europas

Das Ende des Zweiten Weltkriegs und die Unterwerfung des abtrünnigen Tschetscheniens durch Russland legen den Schluss nah, dass eine atomare Supermacht die Möglichkeit hat, ein Volk durch totale Vernichtung der Infrastruktur und seiner Lebensgrundlagen zu vernichten und einen Exodus auszulösen. – Wegen der Größe der Gefahr und der hohen Komplexität der Kriegsbeendigung und Friedenssuche zitiere ich im folgenden Abschnitt Erkenntnisse und Kernaussagen welterfahrener Historiker, Diplomaten Journalisten und Politiker zum Thema Sicherheit, Frieden und Freiheit statt Krieg in Europa.

## 5. Sicherheit, Frieden und Freiheit erfordern Vertrauensbildung und Verteidigungsbereitschaft mit Achtung der Menschenrechte

Skulptur des Künstlers Carl Fredrik Reuterswärd vor dem UNO Hauptquartier
in New York City   (Foto: Rainer Sturm / pixelio)

Figur Justitia an der Fassade vom Hamburger Strafjustizgebäude am Sievekingplatz
(Foto: Philippe Oursel / unsplash)

Von unbekannt - PDF, Logo, https://de.wikipedia.org/w/index.php?curid=3879390

## 5.1    Die Macht der Geographie

Tim Marshall begründet 2015 in seinem Buch „Die Macht der Geographie", wie Gebirge, Flüsse und Meere die Sicherheit von Staaten erhöhen können, weil sie für potentielle Angreifern ein wichtiges Hindernis sind. So seien die USA im Osten und Westen vom Atlantik bzw. Pazifik geschützt, während Russland im Westen an die große europäische Tiefebene grenzt, über die es zwei mal ohne vergleichbaren geographischen Schutz von den großen Armeen von Napolen und Hitler angegriffen worden sei. Das ist der harte Kern der verbreiteten Überzeugung, dass die NATO-Osterweiterung  für Russland ähnlich bedrohlich sei, wie einst die Stationierung sowjetischer Raketen auf Kuba für die USA hochgefährlich war.

Es ist wichtig, dies bei der Suche nach Sicherheit in Europa und darüber hinaus als Tatsache zu beachten. Ebenso wichtig ist es, allerdings anzuerkennen, dass der Prozess der NATO-Osterweiterung von Zeitzeugen sehr vollständig dokumentiert ist, was folgendes Resümee begründet:

Das Wettrüsten des Kalten Krieges endete mit dem Zusammenbruch der Sowjetunion und drohendem wirtschaftlichen Ruin Russlands; während die USA als Führungsmacht des Westens eine wirtschaftliche Blüte erlebten. Die Periode der deutschen Wiedervereinigung war von Vertrauen und Zusammenarbeit zwischen dem Westen und Russland mit Abrüstungs- und Kooperationsvereinbarungen gekennzeichnet.

Gleichzeitig rangen in beiden Lagern politischeTauben mit Falken und auf beiden Seiten wurden Fehler gemacht, die den Verfall von Vertrauen einleiteten und vorantrieben. Ich muss mich auf die wichtigsten Urteile beschränken und auf weiterführende Quellen verweisen:[39] Pleitgen und Schischkin räumen ein, wir hätten als Erste die wichtigsten Fehler gemacht und sie meinen damit auch, dass wir Russland Demokratie fördernd und ökonomisch gegen Korruption kraftvoller hätten unterstützen müssen. Sarotte erläutert, dass neben der schnellen NATO-Osterweitereung der Einsatz der NATO in Bosnien, ohne UNO-Beschluss, und der Einmarsch Russlands in Tschetschenien jeweils auf der Gegenseite Vertrauen gekostet und den Hardlinern Auftrieb gegeben habe.

## 5.2    Die Pflicht zur Mitwirkung an ernsthafter Friedenssuche

Die gegenwärtige Propaganda Russlands, die die NATO für den Ausbruch des Ukrainekrieges hauptverantwortlich macht, und auf die Schwächung des Westens zielt, vernachlässigt den russischen Anteil an der Zerrüttung von Vertrauen durch wachsende Repression und Missachtung unterzeichneter Verträge, z.B. der OSZE-Vereinbarungen über die Respektierung nationaler Grenzen, des Minsker Abkommens zur Überwindung des Ukrainekonfliktes und der Nato-Russlandakte. Die großen Verluste auf beiden Seiten der Kriegsparteien rechtfertigen die Annahme, dass beide Seiten statt drohender Eskalation zu einem Schweigen der Waffen und zu Friedensverhandlungen bewegt werden können. Wobei diese Bereitschaft auf russischer Seite z.Zt. noch an inakzeptable Bedingungen geknüpft zu werden scheint. Und dennoch muss man erkennen, dass die deutsche Regierung als zweitgrößter Unterstützer der Ukraine von seinen Bürgerinen und Bürgern an die Pflicht erinnert werden muss, Szenarien zu entwickeln, die geeignet sein können in kreativen notwendig geheimen Verhandlungen ein stabiles Ende des Krieges vorzubereiten. Überzeugt von dieser Notwendigkeit verweise ich auf folgende sachkundige Beurteilungen der Ursachen und Bestimmungsfaktoren von Krieg und Frieden.

---

39 Marshall, T., die Machte der Geographie, DTV 2017;
Pleitgen, F., + Schischkin, M., Frieden oder Krieg, München 2019
von Fritsch, Welt im Umbruch ,Berlin 2023;
Sarotte, M.E., Nicht einen Schritt weiter nach Osten, Amerika, Russland und die
    wahre Geschichte der Nato-Osterweiterung, München 2023;

## 5.3 Der Abkehr Russlands und der USA von der atomaren Abrüstung mit Klugheit entgegenwirken

„Frieden oder Krieg, Russland und der Westen - Eine Annäherung"
So heißt das schon kurz erwähnte Buch von Fritz Pleitgen und Michael Schischkin[40], das die Einsicht vermittelt, gutnachbarliche Verständigung mit dem heutigen Russland sei wegen grundverschiedenen Staatsverständnisses fast unmöglich und doch wegen eines auf einander angewiesen Seins für die Vermeidung von Krieg notwendig. Pleitgen mit langjähriger Erfahrung als Korrespondent in Washington, Moskau und Ostberlin kommt zu dem Schluss:
„Der Westen ist Russland haushoch überlegen, allein im militärischen Bereich um ein Dutzendfaches. Ähnlich ist der Vorsprung in der Wirtschaft; von der gesellschaftlichen Entwicklung ganz zu schweigen. (S.370). Die Beziehungen zwischen Russland und dem Westen haben einen unerträglichen Tiefstand erreicht. Mit dieser Entwicklung hätte ich nach Moskaus Zustimmung zur deutschen Einheit und zur NATO-Mitgliedschaft des vereinten Deutschlands nicht gerechnet.

Viele schwere Krisen dieser Welt könnten bewältigt werden, wenn Russland und der Westen vertrauensvoll zusammenarbeiteten. Für das schlechte Verhältnis mache ich mehr den Westen als Russland verantwortlich. Wir haben die stärkere Position und wir hätten uns mehr in die Lage der anderen Seite versetzen müssen, um nicht aus Fahrlässigkeit kapitale Fehler zu begehen. Die ersten verhängnisvollen Schritte sind von unserer Seite gemacht worden." (S. 274 f.)
Pleitgens Standpunkt teilen wichtige Experten.

Sechzig namhafte Persönlichkeiten, darunter Gerhard Schröder, Horst Teltschik, Roman Herzog, Eberhard Diepgen, Manfred Stolpe und Antje Vollmer veröffentlichten im Dezember 2014 folgenden Aufruf:
„Niemand will Krieg. Aber Nordamerika, die Europäische Union und Russland treiben unausweichlich auf ihn zu, wenn sie der unheilvollen Spirale aus Drohung und Gegendrohung nicht endlich Einhalt

---

[40] F.Pleitgen und M.Schischkin, Frieden oder Krieg, Russland und der Westen - Eine Annäherung, München 2019

gebieten. Alle Europäer, Russland eingeschlossen, tragen gemeinsam die Verantwortung für Frieden und Sicherheit. Nur wer dieses Ziel nicht aus den Augen verliert, vermeidet Irrwege." [41] Das war vor 10 Jahren. Heute bedroht Russlands Krieg gegen die Ukraine die Souveränität der Ukraine und die Friedensordnung Europas.

## 5.4 „Russland ist eine verwundete Großmacht – wie der Westen mit ihr umgehen sollte"

ist das Thema eines Beitrags von Gabor Steingart auf FOCUS online. Der welterfahrene Wirtschaftsjournalist und Autor internationaler Analysen schrieb im August 2024[42]: „Russland bleibe trotz seiner wirtschaftlichen Schwächen ein politischer Riese. Dank mächtiger Verbündeter wie China könne Putin westlichen Sanktionen trotzen und seine militärischen Ambitionen verfolgen.
Putins Russland sei nicht die wichtigste Macht des 21. Jahrhunderts, aber die mit Abstand komplexeste. Es gebe dieses durch Lenins Revolution, Hitlers Weltkrieg und Stalins Sowjetdiktatur verwundete Land in vier höchst unterschiedlichen Ausprägungen.

## (1) Russland sei Bauernland, das unter Josef Stalin zwangsindustrialisiert wurde

Stalin habe in seiner berühmten Rede vor den Wirtschaftsführern des Landes im Februar 1931 angekündigt, Russland müsse seinen Rückstand von 300 Jahren in zehn Jahren aufholen. Unter ihm sei die Sowjetunion mit hohem Blutzoll zu einer indutriellen Weltmacht aufgestiegen, die den Westen mit Atomraketen erschreckt habe.
Doch die Planwirtschaft habe die Eigeninitiative ertickt und der Rückstand zum Westen habe sich wieder vergrößert. Seit der Implosion der Sowjetunion sei die Wirtschaft vor allem vom Rohstoffhandel abhängig.

---

[41] Quelle: www.aufruf-fuer-eine-andere-russland-politik

[42] Gabor Steingart, Focus online, 14.08.2024

## (2)  Russland sei ein politischer Riese

Dank seiner mächtigen Verbündeten besitze Putins Russland eine politische Kraft, die weit über die ökonomiische Substanz hinausreiche. Die Achse China-Russland habe sich als durchsetzungsstark erwiesen. Nur so habe Russland den Ukraine-Krieg fortsetzen und die Wirkung der westlichen Sanktionen mildern können.
In der Shanghaier Organisation für Zusammenarbeit (SOZ) seien China und Russland zusammen mit dem Iran, Kaschstan, Usbekistan, Kirgisistan, Tadschikistan, Indien und Pakistan politisch, ökonomisch und militärisch verbunden. Das Ziel sei die Eindämmung des Einflusses der Nato. Durch die Shanghaier Vertragsstaaten sei ein internationales Ökosystem entstanden, das verhindert habe, dass Russland auf der internationalen Bühne zum Paria geworden sei. Ich ergänze: Russlands neueste militärische Kooperation mit Nordkorea verstärkt die militärischen Potentiale beider Länder wesentlich.

## (3)  Russland sei ein nuklearer Provokateur

Eine Präsentation der russischen Armee, die kürzlich von der Financial Times enthüllt worden sei, berichte von den nuklearen Ambitionen des heutigen Russland. Demnach werde die nukleare Erstschlagskapazität als die größte Stärke der eigenen Armee angesehen und entsprechend ausgebaut. Derzeit habe Russland nach Erkenntnissen des Friedensforschungsinstituts Sipri eine Nuklearmacht, die aus 5.580 Sprechngköpfen bestehe. Russland trainere seine Marine darauf - im Falle eines Konfliktes mit der Nato - Ziele in Europa mit nuklearen Raketen anzugreifen, wie aus den geheimen Dokumenten hervorgehe, die Ziele an der Westküste Frankreichs, in Nord- und Zentraldeutschland sowie innerhalb des Vereinigten Königreichs nennen.
Die zwischen 2008 und 2014 für Offiziere erstellte Präsentation enthalte eine Zielliste für Raketen, die sowohl mit konventionellen Sprengköpfen als auch mit Atomwaffen bestückt werden können. Russische Offiziere heben die Vorteile hervor, Nuklearwaffen in der frühen Phase eines Konflikts einzusetzen.

Jüngste Übungen, die von Putin angeordnet wurden, um den Einsatz taktischer Nuklearwaffen zu proben, deuten darauf hin, dass die geleakten Dokumente weiterhin mit der aktuellen russischen Militärdoktrin übereinstimmen.

## (4)  Russlands konventionelle Streitmacht zeige Schwächen[43]

Russlands konventionellen Streitkräfte erscheinen gegenwärtig nicht in der Lage, die Ukraine einzunehmen und das eigene Grenzgebiet zu verteidigen. Es gelinge der russischen Armee aktuell nicht, die ukrainische Streitkraft, die in der Grenzregion Kursk das Territorium Russlands betreten haabe und seither besetzt halte, wieder zu vertreiben. - Westlichen Angaben zur Folge halte die Ukraine ein Territorium in der Größenordnung von mehr als der Fläche von Berlin besetzt. Von russischer Seite sei bestätigt worden, dass: 132.000 Menschen das Gebiet und die benachbarte Region Belgorad bereits verlassen hätten; und Russland arbeite an der Evakuierung weiterer 60.000 Menschen. –

**Fazit:** Die Beurteilung der russischen Fähigkeiten entziehe sich der Eindimensionalität und damit dem Schwarz-Weiß-Raster der politischen Rhetorik. Der Zusammenhang zwischen konventioneller und ökonomischer Schwäche bei gleichzeitiger nuklearer Stärke und der latenten Neigung zu Abenteuern mache Putin derzeit unkalkulierbar. - Der Westen könne die Komplexität dieser Situation weder politisch noch militärisch auflösen. Er müsse wie einst Kanzler Helmut Schmidt in der Debatte um den Nato-Doppelbeschluss, das ernstgemeinte Verhandlungsangebot mit der nicht minder ernsthaften Aufrüstungsbereitschaft kombinieren. - Helmut Schmidt habe am 12. Dezember 1979 im Deutschen Bundestag seinen Genossen und damit auch der heutigen Fraktions- und Parteiführung Folgendes ins Stammbuch geschrieben:

„Es gehöre zu den gefährlichen Illusionen der Nachkriegszeit, dass man durch eigene Schwächug das Risiko eines Krieges mindern könne." (Zitat Ende)

---

[43] Diese Einschätzung könnte sich durch große zahlenmäßige Überlegenheit von Russland als falsch erweisen

# 6.    Deutschland braucht Aktivierung seiner positiven Potentiale

Bild: Fotograf Markus Spiske / unsplash

Europäischer Hauptsitz der Vereinten Nationen (Uno) in Genf
(Foto: Mathias Reding  / unsplash)

## 6.1    Machtgleichgewicht und Vertrauen für Frieden statt Krieg

Die obigen und die folgenden Analysen und Erkenntnisse von welterfahrenen Journalisten und Politikern, z.B. Fritz Pleitgen und vom früheren deutschen Botschafter in Warschau und Moskau Rüdiger von Fritsch und dem ehemaligen Bundekanzler Helmut Schmidt sowie Gabor Steingart liefern Lagebeurteilungen, die uns vor irreführendem Wunschdenken und gefährlichen Fehleinschätzungen bewahren können und wir auf der Suche nach Frieden und Verständigung bedenken sollten.

Rüdiger von Fritsch schließt sein Buch „Welt im Umbruch" 2023 mit einem Kapitel „Deutschlands Rolle in Europa und der Welt" ab[44] und beginnt mit folgendem Zitat von Radek Sikorski, einem polnischen Außenminister, der ihm gesagt hat: „Ich fürchte die deutsche Macht weniger, als ich anfange, die deutsche Untätigkeit zu fürchten. Sie sind zur unentbehrlichen Nation in Europa geworden. Sie dürfen es nicht versäumen zu führen. Nicht um zu dominieren, sondern um Reformen anzuführen. Vorausgesetzt, Sie beziehen uns in die Entscheidungsfindung ein, (werden wir) Sie unterstützen." (...-...)

v.Fritsch fährt fort: „Europa ist und bleibt der Angelpunkt unseres nationalen Wohls. Auf uns allein gestellt, würden wir international keine Rolle spielen. Der europäischen Integration mit ihren Errungenschaften (...-...) verdanken wir nicht nur Freiheit, unseren Wohlstand und unsere Wettbewerbsfähigkeit, sondern auch den Frieden, in dem wir Europäer heute leben. Zugleich bedarf Europa der Reform und des Fortschritts.
(...-...) Gemeinsam mit anderen sollten wir Deutsche Vorschläge hierfür entwickeln. (...-...) Unsere Interessen dürfen wir auf europäischer Ebene so selbstbewusst vertreten wie andere dies auch tun. Alleingänge verbieten sich. (...-...) Solidarität mit den Ländern des Südens ist wichtig und liegt in unserem eigenen Interesse." (S.196-197)

---

[44] Rüdiger von Fritsch, Welt im Umbruch, Was kommt nach dem Krieg? Berlin 2023, S. 196-199

„Unsere besondere Aufmerksamkeit muss beständig China gelten, das danach strebt, globale Dominanz zu erzeilen und sich zur Durchsetzung seiner Interessen unverhohlen der Macht des Stärkeren bedient. Zugleich ist gerade das Reich der Mitte auf andere Märkte angewiesen, auf Investitionen und wissenschaftlich-technologischen Austausch. Treten die Europäer geschlossen auf, sind sie die stärkste Handelsmacht der Welt; gelingt es uns, uns mit den USA in der Chinapolitik abzustimmen, lässt sich Einfluss nehmen. Eine völlige Abkehr, ein de-coupling, von China ist weder sinnvoll noch möglich, eine stärkere Orientierung auf andere Länder mit Zukunftspotential hingegen schon." (S.198)

„Der für alle beste Weg wird nicht dadurch falsch, dass nicht alle ihm folgen. Wir müssen alles dafür tun, die institutionen und Regeln eines funktionierenden Multilateralismus zu erhalten, zu reformieren, zu verbessern – sei es in der Welthandelsorganisation oder den Vereinten Nationen. Sie bieten unverändert die beste Gewähr für ein langfristig gedeihliches Miteinander. (...-...)

Nicht immer werden wir die USA an unserer Seite finden, und sie werden ein schwieriger Partner bleiben.aber auch ein unverzichtbarer Partner, der unsere Sicherheit  gewährleistet und unsere Werte und Vorstellungen grundsätzlich teilt. Auch wenn uns manche Entwicklung in den USA befremdet, sollten wir nicht vorschnell urteilen und verurteilen; falls die amerikanischen Wähler (2024) entscheiden, ihr Land in eine grundsätzliich andere Richtung zu lenken, müssen wir jedoch darauf vorbereitet sein." (S.198 f.)

„Solange die russische Führung an ihren aggressiven Zielen festhält, im Kompromiss keinen Nutzen sieht und Nachgiebigkeit als Ermutigung zu neuem Ausgreifen, müssen wir der Ukraine entschlossen zur Seite stehen. Als Opfer der Aggression muss sie das Recht behalten, zu einem selbstbestimmten,  unabhängigen und souveränen Weg zurückkehren zu können. Der Blick auf das Schlachtfeld darf uns jedoch nicht den Blick auf den Horizont verstellen: wie könnte ein Frieden gelingen, der keine einseitigen

Konzessionen macht, Russland entschlossen in Schach hält und allen Seiten die Chance zu einem Neuanfang gibt?"
Dafür ist ein aufrichtiges Verständnis von Russlands Stärken und Schwächen bedeutsam.

## 6.2    Deutschland muss sich als Industrienation neu erfinden

Der frühere EZB-Präsident Mario Draghi spricht in seinem Bericht über gefährdete internationale Wettbewerbsfähigkeit der Europäischen Union, aber er meint insbesondere Deutschland. (vgl. oben Abschnitt 3.2).

Der BDI-Präsident Siegfried Russwurm fasst Deutschlands Situation in einer Studie wie folgt zusammen: „Deutschland muss sich als Industrienation neu erfinden und nennt im internationalen Vergleich folgende Schwächen: höhere Energiepreise, eine marode Verkehrsinfrastruktur, ein nicht wettbewerbsfähiges Steuersystem und politische Unsicherheiten. Dazu kämen hohe Arbeitskosten, zunehmender Arbeitskräftemangel, eine ausufernde Bürokratie, ein zu langsamer Ausbau der Stromnetze und eine schleppende Dgitalisierung." (Süddeutsche Zeitung, 9. September 2024)

Ehrliche Beobachter sollten berücksichtigen, dass die Mehrzahl dieser Probleme das Ergebnis mehrerer Legislaturperioden und nicht nur Misserfolge von Robert Habeck sind. Vielmehr muss man erkennen, dass die anhaltende Diskreditierung der Partei der Grünen als „Verbotspartei" und „Hauptgegener" durch die sogenannten christlichen Parteien, einen nicht geringen Anteil daran hat, dass die C-Parteien für alle Bürgerinnen und Bürger attraktiv sind, weil es viel charmanter ist, ungestört Wohlstand zu genießen, anstatt sich für die Lösung der großen Krisen abzurackern.
Diese Diskreditierung der Grünen ist zugleich eine unverantwortbare Diskreditierung effizienter Klimaschutzpolitik. Deshalb könnte es sein, dass im Bundestagswahlkampf „Zukunftsbilder" mit standfester Begründung wichtig werden, denn die Verlangsamung von Klima- und Umweltschutz, könnte mit irreversiblen Schäden verbunden sein.

DIW-Präsident Marcel Fratzscher hat die Wirtschaftspolitik von Unions-Kanzlerkandidat Friedrich Merz deutlich kritisiert. „Wenn Friedrich Merz schon Kanzler wäre, würde es der deutschen Wirtschaft vermutlich schlechter gehen", sagte der Ökonom.

Merz' Vorwürfe, Kanzler Olaf Scholz und die Ampelregierung seien schuld an der schwachen Konjunktur, hält Fratzscher für unglaubwürdig. „Würde das Tempo aus der Transformation genommen, wie Merz es 'verspricht', dann würde das die Deindustrialisierungsgefahr noch steigern und massiven und nicht wieder zu behebenden Schaden anrichten. Aus volkswirtschaftlicher Perspektive stimmen mich Merz' Positionen daher sehr besorgt", sagte der Ökonom im Gespräch mit der „Neuen Osnabrücker Zeitung" (NOZ).

Die Diskreditierung und der abrupte Stopp der Förderung von E-Automobilen kann zum Zusammenbruch der deutschen Automobilindustrie auf dem chinesischen Leitmarkt wesentlich beitragen.

## 6.3 Deutschland muss endlich die Initiative ergreifen und Spitzenteams mobilisieren

Der tschechische Botschafter Tomas Kafka verlässt Berlin und veröffentlicht im Juli 2024 auf berliner-zeitung.de folgende behutsamen Anregungen zu Deutschlands kritischer Lage:

Nach vier erfüllenden Jahren in Deutschland zwinge die aktuelle Stimmung im Land, grundlegend über die Bedeutung von Veränderungen nachzudenken. Dabei wolle er den Begriff der „Zeitenwende" aus der berühmten Rede des Bundeskanzlers in Reaktion auf Putins Krieg nicht verwenden, aber in seine kurzen philosophischen Anmerkungen mitdenkend einbeziehen. Man könne sich das Wesentliche der Veränderungen sehr gut am Beispiel der „Tour de France" vorstellen.

Dort sei wichtig, wer die Initiative zu einer Veränderung ergreife.

Angenommen, es wäre unser Radler, dann müsse dieser damit rechnen, dass sein Manöver von anderen, reagierenden Radlern neutralisiert werde. Wenn hingegen ein anderer Radler die Initiative ergreife, müsse unser Radler sich blitzschnell dem Ausreißer anschließen, um die Veränderung mitzutragen oder zu neutralisieren. Es könne aber passieren, dass unser Radler den Anschluss verpasse und dadurch auf absehbare Zeit die Entwicklung des Rennens nicht mehr mitbeestimme. Das könne zu großer physischer Anstrengung und psychischer Verunsicherung führen.

Dieses der „Tour de France" entliehene Bild komme ihm immer wieder in den Sinn, wenn er sich verdeutlichen wolle, was sich alles in Deutschland in den letzten vier Jahren verändert habe. Im Sommer 2020 habe in Deutschland der Appetit auf eine neue Zukunft mit Veränderung überwogen. (...-...)
Obwohl Covid diese optimistische Einstellung leicht angeschlagen habe, habe sich Deutschland damals angefühlt, wie der Radler, der die Weltgemeinschaft zum Aufbruch motivieren und mitnehmen wollte. Die Reaktionen kleiner globaler Gruppen sei allerdings zaghaft gewesen. Die meisten Länder und ihre politischen Repräsentanten hätten zwar von klimafreundlicher Transformation geträumt und geredet, doch nur wenige seien bereit gewesen, die damals noch gängigen, vor allem wirtschaftlichen Sicherheiten hinter sich zu lassen.
Das Gesamtbild habe sich bald mit Putins Krieg, zwar nicht nach den Intentionen der deutschen Elite, gravierend geändert. Mit dem damit verbundenen Zusammenbruch von Lieferketten, gefolgt von einer Energienotlage und raketenhaft steigender Inflation – waren es andere Radler, die gemeinsam die Tour aufmischten. Deutschland und die gesamte EU fanden sich in der Defensive wieder; ihre einzige Aufgabe sei gewesen, die von Putin angestoßenen Verändereungen zu eliminieren. Ihre Strategie sei in der Not die einzig richtige gewesen. Und man müsse selbstverständlich auch weiterhin Pläne und Strategien entwickeln, wie man eine auf demokratischen Werten und Prinzipien erbaute Zukunft wieder errichten könne.
Davor müsse man allerdings den Ausbruch in eine konfliktbeladene, totalitäre Praktiken bejahende Zukunft nach Vorstellungen von Putin und seinen Verbündeten stoppen. Ohne dies sei jeder Traum, jede Strategie von einer gerechten Weltgemeionschaft wie ein ungedeckte Bankscheck.
Der deutsche Politologe Josef Janning habe kürzlich in einem wichtigen Strategiepapier für die Deutsche Gesellschhaft für Auswärtige Politik mit dem Titel „Zeit zu handeln! Es braucht eine

deutsche Strategie für Europa" geschrieben, Deutschland beabsichtige, die EU nicht durch Initiative, sondern durch Konsens zu führen. Diesen Luxus könne man sich nicht leisten, wenn man die EU doch noch zu einem globalen Spieler machen wolle.

Anders gesagt: Wenn man mit der EU noch einen Ausbruch in eine bessere Zukunft wagen wolle, müsse man – vor allem Deutschland – endlich die Initiative ergreifen. Doch mit Worten und Strategien allein sei das – innen- und außenpolitisch – nicht zu erreichen. Man brauche dafür Mut. Der beste Weg, wie das im gesellschaftlichen Leben schaffen könne sei einfach und schwierig zugleich: Man brauche Erfolge.

Als langjähriger Beobachter der Entwicklung in Deutschland, sei der Botschafter sich sicher, dass das Land das Potential habe, wieder erfolgreich zu sein und begründet dies mit unseren Erfolgen: dem schnellen Ausbau von LNG-Terminals, einer gelungenen Fußball-EM und der Wiederwahl von Frau von der Leyen zur EU-Kommissionspräsidentin. Ob sich die Lage spürbar verändere wenn die Koalition noch den Haushalt für 2025 verabschiede, die Wähler in Thüringen, Brandenburg und Sachsen im Herbst das Schlimmste verhindern, und das Verkehrsministerium die Runderneuerung der Riedbahn planmäßig abschließe, sei nicht sicher. Er fürchte, dass man für einen kompletten Durchbruch als geopolitischer Westen gemeinsam den machtgierigen Aufmarsch von Putin stoppen müsse.

Wenn man all das hinbekomme, könne man in Deutschland wieder glaubwürdig sagen: Wir schaffen das! „Der Weg aus der Defensive in eine hoffnungsvolle Zukunft wäre dann nicht nur für Deutschland wieder frei. Bis dahin müssen wir - Deutschland und auch seine Nachbarn und Partner - noch eine Weile geschickt unsere defensive Taktik  anwenden und mental durchhalten. Als tschechischer, scheidender Botschafter kann ich Deutschland dazu nur viel Glück, viel Geduld, aber auch gute Verbündete und gute Nerven wünschen. Als tschechischer Nachbar werde ich jederzeit bereit sein, so gut wie möglich zu helfen."

7.   **Der 5-Punkte-Plan zur Ernährung der Welt
     von Prof. Jonathan Foley National Geographic[45]**

Foto: Wolfgang Weiser / unsplash

Foto: Engin Akyurt / unsplash

---

[45] Video: die neue Serie zum Thema Welternährung bei National Geographic NG Heft 5/2014, Seiten 36 -59

**Der Autor**
Der Direktor des Instituts für Umwelt und Professor für globale Nachhaltigkeit an der University St. Paul in Minnesota Jonathan Foley analysierte mit seinem Team zahlreiche Daten und beantwortete 2014

## 7.1  Zwei entscheidende Fragen:

**Wie werden wir im Jahr 2050 alle satt? Und:**
**Wie kann die Welt die Nahrungsproduktion verdoppeln**
**und zugleich den durch die Landwirtschaft verursachten**
**Schaden mindern?**

Das Team ist zu der Erkenntnis gelangt, dass die konsequente Verwirklichung des folgenden 5-Punkte-Plans die Ernährungsprobleme der Welt, nachhaltig lösen könnte:
- „Stopp des zusätzlichen Flächenbedarfs
- Steigerung der Erträge in den Betrieben
- Nachhaltigere Nutzung von Wasser und Dünger
- Umstellung der Ernährungsgewohnheiten
- Stopp der Verschwendung und Vernichtung genießbarer Lebensmittel." (…-…)

„Aber die Vorschläge erfordern, dass wir umdenken. Wir müssen uns von der historisch gewachsenen Vorstellung verabschieden, alle Probleme durch ein Immer-Mehr lösen zu können: mehr Land roden; mehr anbauen; mehr Ressourcen nutzen. Aus Verantwortung für unsere Kinder und Enkel müssen wir eine neue Balance finden zwischen Mehrproduktion an Nahrung und der nachhaltigen Bewirtschaftung unseres Planeten. Die gute Nachricht ist: Wir wissen bereits, was wir tun zu tun haben. Wir müssen es nur noch umsetzen." Prof. Foley nennt

## 7.2 Die Hauptschwierigkeiten der Aufgabe

- Fast eine Milliarde Menschen leide Hunger und viele andere leben im Überfluss.
- Das schnelle Bevölkerungswachstum erfordere eine Erhöhung der Nahrungsmittelproduktion.

- Damit wachsen die Umweltprobleme.
- Schon heute verursache Ackerbau und Viehzucht mehr Emissionen von Treibhausgasen als der gesamte Transportsektor mit Autos, Lastwagen, Flugzeugen und Zügen.
- Durch Abholzen des Regenwaldes für zusätzliche Acker- und Weideflächen werde zusätzlich Kohlendioxyd freigesetzt wo bisher $CO_2$ gebunden wurde.
- Die Landwirtschaft sei der größte Verbraucher von Süßwasser und großer Umweltverschmutzer, weil Kunstdünger und Gülle weltweit Flüsse, Seen und Küstengewässer belasten.
- Die Landwirtschaft trage dadurch und durch massiven Einsatz von Insektiziden wesentlich zum bedrohlichen Artensterben bei.[46]
- Bis zur Mitte des 21.Jahrhunderts werden wir wahrscheinlich 9. Mrd., d.h. 2 Mrd. Menschen mehr als 2014 ernähren müssen.
- Nicht nur der Bevölkerungszuwachs sondern auch die mit wachsendem Wohlstand steigende Nachfrage nach tierischen Lebensmitteln wie Fleisch, Eier und Milcherzeugnisse erhöhe zusätzlich den Bedarf an Getreide zur Ernährung der steigenden Zahl an Nutztieren.
- Foleys Team prognostiziert, dass wir, falls sich dieser Trend fortsetze, im Jahr 2050 zur Ernährung der gewachsenen dann wohlhabenderen Weltbevölkerung insgesamt doppelt so viel Lebensmittel produzieren müssen wie 2014.

Es gebe polarisierend geführte Kontroversen darüber, wie die notwendige Steigerung der Lebensmittelproduktion erreicht werden könne, entweder durch technischen Fortschritt der konventionellen Landwirtschaft mit Welthandel oder durch ökologische Landwirtschaft.
Prof. Foley ist überzeugt, keine der beiden Alternativen könne die Aufgabe allein lösen, sondern die unterschiedlichen Stärken beider Methoden müssten systematisch kombiniert werden.
Dadurch werde es möglich, die Nahrungsmittel mehr als zu verdoppeln und zugleich die schädlichen Folgen der Landwirtschaft für die Umwelt deutlich zu begrenzen.

---

[46] 90% der für Bestäubung von Nutzpflanzen wichtigen Wildbienen sind ausgestorben. (ARD-Reportage, Furtwängler, Bienensterben Oktober 2024)

Dafür sei allerdings ein deutliches Umdenken erforderlich zu einer be-
wussten Verbindung von Ernährung und Bewahrung der Natur, in der
intakte Gewässer und Klimaschutz unsere Lebensgrundlagen bewahren. Wie das erreicht werden kann, definiert

## 7.3 Der 5-Punkte Plan von Prof. Foley mit Begründung der notwendigen Maßnahmen.

### (1) Stopp des zusätzlichen Flächenverbrauchs durch die Landwirtschaft

Es sei nicht mehr vertretbar zur Befriedigung steigender Lebensmit-
telnachfrage für Ackerbau zukünftig weiter Wälder und Grünflächen
zu roden und Ökosysteme zu zerstören. Wo heute Wald gerodet werde
nütze dies nur sehr selten den 850 Mio. Menschen, die auf der Welt
Hunger leiden. Auf vielen neu abgeholzten Flächen werde gegenwärtig für wachsenden Fleischkonsum Rinderzucht betrieben, Soja für
Tiermast angebaut oder würden Palmölplantagen für Biosprit und
Kosmetika geschaffen. Die Vermeidung weiterer Entwaldung habe
höchste Priorität.

### (2) Steigerung der Erträge bestehender Betriebe

Die erste „Grüne Revolution" der sechziger Jahre habe durch verbesserte Getreidesorten, mehr Düngemittel sowie moderne Bewässe-
rungsmethoden und Maschinen die Erträge der Landwirtschaft insbesondere in Asien und Lateinamerika gesteigert. Das habe allerdings
großen Umweltschäden verursacht.
Nun müsse sich die Welt in einer zweiten Phase der Verbesserung von
Ackerflächen zuwenden, die bisher besonders in Afrika und Latein-
amerika geringe Erträge erzielen, denn dort gebe es sehr große Lücken
zwischen realen und möglichen Erträgen. Die Erträge könnten durch
verbesserte Anbaumethoden der ökologischen Landwirtschaft.um ein
Mehrfaches gesteigert werden, ohne die Fehler der Vergangenheit zu
wiederholen.

**(3)   Effiziente und nachhaltige Nutzung von Wasser und Dünger**

Durch konsequente Nutzung moderner Methoden in der konventionellen und in der ökologischen Landwirtschaft könne ein „höherer Ertrag je Tropfen" Wasser und Dünger erzielt werden.

Die konventionelle Landwirtschaft mache schon gegenwärtig große Fortschritte auf dem Gebiet des gezielten Einsatzes von Bewässerung und Düngung durch die kombinierte Anwendung von Computern und GPS. Die so erreichten Einsparungen an Ressourcen schonen gleichzeitig umliegende Gewässer durch geringeren Schadstoffeintrag. Gleichzeitig erreiche der ökologische Landbau Verbesserungen der Bodenqualität durch Gründüngung und Kompostierung.


**(4)   Umstellung der Ernährungsgewohnheiten**

Im Jahr 2050 könne man neun Mrd. Menschen ernähren, wenn weniger pflanzliche Produkte an Tiere verfüttern würde. Wir äßen nur gut die Hälfte aller weltweit produzierten Kalorien direkt, Ein Drittel diene als Futter für Rinder, Schweine und Hühner, knapp ein Zehntel werde zu Biokraftstoff und Industrieerzeugnissen verarbeitet.

Von 100 Kalorien aus Tierfutter kämen nur deutlich weniger auf den Teller von Menschen, nämlich

- nur 40 Kalorien über Milch
- nur 22 Kalorien als Eier
- nur 12 als Hühnerfleisch
- nur 10 bei Schweinefleisch
- und am wenigsten
- nur  3 Kalorien bei Rindfleisch.

Wenn wir weniger Fleisch essen, werden wir große Mengen an Lebensmitteln freisetzen. Wegen des Nachholbedarfes von Menschen in Entwicklungs- und Schwellenländern sei es sinnvoll, das Essverhalten zunächst in Ländern zu korrigieren, in denen schon heute ein hoher Fleischkonsum üblich sei – also auch bei uns.

### (5)  Stopp der Verschwendung und Vernichtung genießbarer Lebensmittel

Etwa ein Viertel aller weltweit erzeugten Lebensmittel gehe verloren oder lande auf dem Müll, ehe sie verzehrt werden könnten. In reichen Ländern werde ein großer Teil der Verschwendung von Supermärkten, Restaurants und Haushalten verursacht. In armen Ländern seien Mängel bei der Lagerung oder auf dem Transport vom Erzeuger zum Markt die Hauptursachen großer Verluste.

Bei uns gebe es viele Möglichkeiten diese Fehler zu vermeiden, z.B. weniger aufzutischen, Reste zu nutzen und Voraussetzungen zu schaffen, dass Restaurants und Supermärkte nicht so viel wegwerfen müssen, dann werde viel mehr für andere übrigbleiben.

Ich schließe dieses Kapitel mit der Anregung, mit der Prof. Foley seinen 5-Punkte-Plan eröffnet hat: „Wenn wir demnächst wieder den Einkaufswagen durch einen Supermarkt schieben, wissen wir: Unser Einkauf entscheidet mit über die Zukunft der Welt."

## 8.    Schlussfolgerungen und Ausblick

**(1) Dominant gewinnorientiertes, konservatives Wachstum** führt zum Kollaps. Das beweist der Weltüberlastungstag 2024 Mitte August und der deutlich höhere $CO_2$-Fußabdruck der Wohlhabenden in den Industrieländern des Nordens, der Hauptverursacher des Klimawandels ist, der die Ärmeren im Süden, die ihn nicht verursacht haben, am härtesten trifft. Das heißt, das **Matterhorngleichnis von Schellnhuber muss beherzigt werden.** (vgl.Pkt.1.4)

**(2) Die in der Globalisierung praktizierte Externalisierung**, d.h. das verschwiegene Auslagern von Schäden durch Ausbeutung von Menschen und Natur in ferne Regionen, stößt zunehmend auf berechtigten Widerstand und gefährdet die Deckung des rapide steigenden Ressourcenbedarfs des Green Deals der EU. Die begründete Kritik an neokolonialistischen Ausbeutungspraktiken ist auch ein Grund für wachsendes Interesse zahlreicher Staaten an der Aufnahme in den Kreis der BRICS-Staaten (Brasilien, Russland, Indien, China und Südafrika), als Gegengewicht gegen die westlich dominierte Weltwirtschaftsordnung.

Hessel und Morin, die Autoren von „Wege der Hoffnung" (S.13), haben Recht: **Es geht nicht um den Gegensatz von Wachstum und neuer Bescheidung. Was wir brauchen, sind Entscheidungen und Verständigung, was wachsen und was schrumpfen soll, mit Achtung der UN-Ziele für nachhaltige Entwicklung (SDG) und Menschenrechte.** (vgl. Pkt.2.1)

**(3) Europas letzte Chance, Reformen mit gemeinsamen Investitionen.** Die Europäische Union (EU) steht an einem Scheideweg zwischen

**entweder** schrittweisem Rückbau der EU zu differenzierten Bündnissen zwischen Nationalstaaten, die ohne das Gewicht einer gestärkten Union für die Lösung der globalen Herausforderungen wahrscheinlich bedeutungslos würden;

**oder** Vollendung der Integration von Kerneuropa, d.h. Ertüchtigung der EU zu effizienter Krisenprävention und globaler Relevanz **durch Reformen zur Stärkung der Handlungsfähigkeit, Stärkung der**

**Rechtsstaatlichkeit und Vorbereitung der Institutionen auf die Erweiterung, nach den deutsch-französischen Expertenvorschlägen vom Sept. 2023.** (Vgl.Pkt..3.3 und 3.4))

**(4) Das Überleben der westlichen Demokratien wird bedroht von großen inneren und äußeren Gefahren, die sich gegenseitig verstärken.** Der Untergang des Römischen Reiches muss uns interessieren, denn es gibt große Ähnlichkeiten zur aktuellen Lage der USA und der westlichen Demokratien, und auch deutliche Unterschiede, die wir als Chance wahrnehmen müssen.

Der amerikanische Historiker Michael Grant schrieb 1976 in seinem Forschungsbericht mit dem Titel: Der Untergang des Römischen Reiches:[47] „Rom ist nicht untergegangen, weil es von außen angegriffen wurde. Diese Angriffe wurden zwar mit starken Kräften geführt, aber wären sie die einzigen Angriffe gewesen, dann hätte das Reich überleben können, wie es auch andere heftige Schläge überstanden hatte. Doch diesmal (476 n.Chr.) war das Weströmische Reich durch seine innere Zerrissenheit gelähmt durch ähnliche innere Gegensätze, wie sie heute das Überleben der westlichen Zivilisation bedrohen.“

„Wir müssen deshalb dafür sorgen, dass die Uneinigkeit, die das Römische Reich gespalten hat, nicht auch unsere Zivilisation zerschlägt.“[48]

**„Ja, wir müssen wirklich alle zusammenhalten, oder wir werden mit Sicherheit einzeln verderben.“** Benjamin Franklin 1776 [49] (vgl. Kap.3)


**(5) Wer Europa bewahren will, muss Afrika retten**

Diese von A.-W. Asserate begründete Überzeugung wird sich mit großer Wahrscheinlichkeit als eine unserer zwingenden und anspruchsvollsten Zukunftsaufgaben erweisen, um die Ursachen einer neuen Völkerwanderung nach Europa wirksam zu vermeiden. **Das bestätigt auch der folgende neueste Forschungsbericht.** (vgl.Kap.4)

---

[47] Michael Grant, Der Untergang des Römischen Reiches, Bergisch-Gladbach 1988, S.53
[48] ebenda, S. 248
[49] ebenda, S.7

**(6) Wir dürfen die Fehler Roms nicht wiederholen**[50] ist die Kernaussage des 2024 bei Klett-Cotta erschienenen Buches "Stürzende Imperien: Rom, Amerika und die Zukunft des Westens" des Historikers Peter Heather und des Ökonomen John Raplwey von der University of Cambridge mit neuen Erkenntnissen über den Untergang des Römischen Reiches.

Die beiden Forscher erklären, dass Imperien Lebenszyklen durchlaufen von Aufstieg über Blüte zum Niedergang. Vom wachsenden Reichtum eines Imperiums profitiere dessen Peripherie. Irgendwann könnten diese Randgebiete die Dominanz des Imperiums überwinden. Diese Entwicklung werde von wirtschaftlichen Prozessen bestimmt. Und es gebe deutliche Ähnlichkeit der gegenwärtigen Entwicklung von Amerika und dem Westen im Vergleich mit Westrom vor dessen Zusammenbruch 476 nach Christus.

Das beweise der Rückgang des Beitrags des Westens zur Weltwirtschaftsleistung auf nunmehr 60% des globalen Bruttoinlandsprodukts von 80% auf dem Höhepunkt der 90er Jahre. Die Wirtschaftsleistung stagniere und die politische Spaltung wachse. Es gebe jedoch die Chance wichtiger Unterschiede.

Erstens: Rückwärtsgewandte populistische Versprechungen von Politikern, die die Wiederherstellung früherer Größe ankündigen, könnten wegen der Dynamik neuer Kräfte-erhältnisse bestenfalls kurzfristige Verbesserungen erzielen, aber blieben zu baldigem Scheitern verurteilt. Das gelte besonders für die AfD, die Brexitbefürworter wie Boris Johnson oder Donald Trump in den USA.[51]

Zweitens: Der Westen könne, wenn er seinen relativen Bedeutungsverlust toleriere, mit dem Rivalen China möglicherweise einen Ausgleich finden, weil die starke gegenseitige wirtschaftliche Verflechtung dazu führe, dass jeder Schaden, den eine Seite der anderen in einer Konfrontation zufüge, gleichzeitig große Kollateralschäden im eigenen Land verursachen werde. Die Konfrontation mit China zu suchen halten die Forscher für den falschen Weg, der führe nur schneller in größere Bedeutungslosigkeit, meinen Heather und Rapley. Eine Fortsetzung der Kooperation mit China bedeute nicht notwendig die

---

[50] Spiegel Nr.42 vom 12.10.24,S. 86 ff.
[51] Eine unsichere Erwartung, die hohe Resilienz der Demokratien erfordert.

bedingungslose Unterordnung, sondern erlaube durchaus die Wahrnehmung eigener Interessen durch die Entfaltung neuer Kooperationen besonders mit aufstrebenden Staaten Afrikas. (vgl. Kap.4)

**(7) Zur Bundestagswahl 2025 erscheint mir bedenkenswert**:
Den Vorwurf von Friedrich Merz, sein Vorgänger Scholz und die Ampelregierung seien schuld an der schwachen Konjunktur, hält DIW-Präsident Marcel Fratzscher für unglaubwürdig. „Würde das Tempo aus der Transformation genommen, wie Merz 'versprach', dann würde das die Deindustrialisierungsgefahr noch steigern und massiven und nicht wieder zu behebenden Schaden anrichten.", sagte der Ökonom vor der Bundestagswahl im Gespräch mit der „Neuen Osnabrücker Zeitung" (NOZ). Die Lockerung der Schuldenbremse zur Forcierung überfälliger, rentabler Investitionen war ein Gebot ökonomischer Vernunft (!) <u>Nun kommt es darauf an, (was die Grünen zur Bedingung ihrer Zustimmung gemacht haben) die zusätzlichen Schulden rentabel zu investieren und sie nicht zur Lockerung von Haushalts- oder Konsumproblemen einzusetzen. Dafür muss jetzt mit Nachdruck gesorgt werden. (!) Nur dann wird daraus ein Gewinn und keine Zusatzbelastung für die Jugend von heute (!)</u> Der Ökonom und Mitglied im Sachverständigenrat zur Begutachtung der gesamtwirtschaftlichen Entwicklung Prof. Achim Truger sagte am 9.10.2024 im Interview mit ntv.de, die Bundesregierung habe sich mit ihrem Festhalten an der Schuldenbremse in eine „sehr schwierige Lage manövriert". Prof. Truger stellte ferner Folgendes fest. Es sehe danach aus, dass die Nachfrage nach deutschen Industrieprodukten sich strukturell verändere. Das läge erstens an verschlechterter Wettbewerbsfähigkeit aufgrund gestiegener Energiekosten und zweitens an China. Das Land habe seine Strategie geändert und trete verstärkt auf klassischen deutschen Exportmärkten als Wettbewerber auf. Das habe nicht nur Folgen für deutsche Exporte nach China, sondern sei auch auf Drittmärkten bemerkbar. „Wir spüren hier Ausläufer eines neuen Chinaschocks."
Die Streitigkeiten in der Ampelkoalition mit dem aus seiner Sicht vollkommen falschen Festhalten an einer sehr eng ausgelegten Schuldenbremse beförderte diese Krise. „Da versündige sich vor allem die FDP am Aufschwung."

Der entscheidende Fehler der vorigen Bundesregierung sei, dass sie viel zu früh schon 2023 aus dem Krisenmodus umgeschaltet und das Ende der Notlage erklärt habe, die ein Aussetzen der Schuldenbremse erlaubte. (…-…) Auf keinen Fall hätte man Kürzungsprogramme für die öffentlichen Haushalte auflegen dürfen. Prof. Truger folgert: „Im Grunde müsste die Bundesregierung jetzt wieder eine Notlage erklären" Zentral sei eine Reform der Schuldenbremse. Viele notwendige Investitionen und auch ein kurzfristiges Anschieben der Wirtschaft sollten sinnvollerweise mit Schulden finanziert werden. Er sei zuversichtlich, dass unabhängig von den künftigen Mehrheitsverhältnissen nach der nächsten Wahl eine Reform der Schuldenbremse komme. (Ende des Zitates) **Jeder ökonomisch Sachkundige wusste schon vor der Wahl** dass Kredite für rentable Investitionen mit einer Amortisationszeit von 10 bis 15 Jahren im gleichen Zeitraum getilgt werden können, also, bei gutem Management keine zukünftige Generation belasten und nicht von einer Schuldenbremse blockiert werden dürfen.

**(8) Es bleibt für alle, die Verantwortung übernommen haben, Einiges zurechtzurücken und Anstand in der gebotenen Zusammenarbeit wiederherzustellen.**

Am Ende seines Buches „In Vorbereitung auf das 21. Jahrhundert" schrieb der Historiker Paul Kennedy 1993:

„Die Kraft und die Komplexität der Kräfte des Wandels sind enorm und einschüchternd; dennoch mag es noch immer intelligenten Männern und Frauen möglich sein, ihre Gesellschaften in **die komplexe Aufgabe der Vorbereitung auf das noch vor uns liegende Jahrhundert zu führen. Stellt die Menschheit sich indessen diesen Herausforderungen nicht, so wird sie sich die Katastrophen, die vor ihr liegen könnten, ausschließlich selbst zuzuschreiben haben."** (S. 442).

Machen wir uns also die Mühe, wenigstens ein oder zwei der vor uns liegenden großen Aufgaben zu verstehen und an deren Lösung mit ganzer Kraft mitzuarbeiten für die Bewahrung der Schönheit von Deutschland und Europa. Sonst könnten Klimawandel, Migration und Schwächung der Demokratie fast alles, was uns und unseren Kindern LEBENSWERT + LIEB ist in den nächsten 50 Jahren hinwegfegen.

## Anhang: Weiterführende Quellen

Altenburg, T., Arbeitsplatzoffensive für Afrika, d.i.e., Bonn 2017

Asserate, A.-W., Die neue Völkerwanderung, Wer Europa bewahren will, muss Afrika retten, Berlin 2016

Bonner, S., + Weiss, A., Generation Weltuntergang, München 2019

Brand, B., Wissen, M., Kapitalismus am Limit, München 2024

Bender, P., Weltmacht Amerika – das Neue Rom, München 2004

Deutsch-Französische Arbeitsgruppe, Bericht zur institutionellen Reformen der EU, Berlin-Paris 2023, im Auftrag der deutschen u. der französischen Regierung

French, H.W., Afrika und die Entstehung der modernen Welt, Eine Globalgeschichte, Stuttgart 2023

Gloger, K., Putins Welt, Das neue Russland und der Westen, München 2017

Goldini, J., Muggah, R., Atlas der Zukunft, Dumont, Stichwort Ernährung S.349-363

Heather, P. + Rapley, J., Stürzende Imperien: Rom, Amerika und die Zukunft des Westens, Klett-Cotta 2024

Heinrich Böll Stiftung (Hrsg.), Berlin 2011 www.boell.de/zukunft-der-eu

Hessel, St. U. Morin, E., Wege der Hoffnung, Berlin 2011

Kabou, A., Weder arm noch ohnmächtig - Eine Streitschrift gegen schwarze Eliten und weiße Helfer, Basel 1995

Kennedy, P., In Vorbereitung auf das 21. Jahrhundert, Frankfurt/Main 1993

Kronauer, J., Der Aufmarsch – Vorgeschichte zum Krieg, Köln 2022

Latif, M., Globale Erwärmung, TB, Stuttgart 2012

Latif, M., Heißzeit, mit Vollgas in die Klimakatastrophe (..-..)Freiburg 2020

MacKay, David J.C., Sustainable Energy, Cambridge 2009; Available free online from: www.withouthotair.com (Fundgrube für konkrete Initiativen)

Marshall, T., Die Macht der Geographie, Weltpolitik erklärt an Hand von Karten 2017

Masala, C., Weltunordnung, die globalen Krisen und die Illusionen des Westens 2022

Müller, G., Umdenken, Überlebensfragen der Menschheit, Hamburg 2020

Münkler, H. Welt in Aufruhr, Die Ordnung der Mächte im 21. Jahrhundert, Berlin 2023

Münkler, H., Macht im Umbruch, Deutschlands Rolle in Europa und die Herausforderungen im 21. Jahrhundert, Berlin 2025

Piketty, Th. u.a., Für ein anderes Europa, Demokratisierung der Eurozone, München 2016.

Pleitgen, F. u. Schischkin, M., Frieden o. Krieg, Russland u. der Westen, München. 2019

Rosa Luxemburg Stiftung, Atlas der Migration, Daten u .Fakten 2019

Sarotte, M.E., Nicht einen Schritt weiter nach Osten, Amerika , Russland und die wahre Geschichte der Nato-Osterweiterung, München 2023

Scheer, H., Der Energethische Imperativ, München 2010

Schellnhuber, H.J., Selbstverbrennung, München 2015

Schoeler. u. Schönwitz, Afrika first! Agenda für gemeinsame Zukunft, Berlin 2020

Seitz, V., Afrika wird armregiert, Wie man Afrika wirklich helfen kann, München 2009

Simms, B.; Zeeb, B., Europa am Abgrund, Plädoyer für die Vereinigten Staaten von Europa, München 2016

Simms, B., Kampf um Vorherrschaft, Eine deutsche Geschichte Europas 1453 bis heute, München 2013

Smith, S., Nach Europa, Das junge Afrika auf dem Weg zum alten Kontinent, Berlin

Specht, O. Erkenntnisse für die Welt von morgen, Norderstedt 2019

Stanzel, V., die ratlose Außenpolitik und warum sie den Rückhalt der Gesellschaft braucht, Bonn 2019

Steingart, G., Weltkrieg um Wohlstand, Wie Macht und Wohlstand neu verteilt werden, München 2008

Steinmeier, F.-W., Europa ist die Lösung, Wals 2016

Stiglitz, J., Europa spart sich kaputt, warum der € einen Neustart braucht, Mn.2016

Turmes, C., Die Energiewende, Eine Chance für Europa, München 2021

v. Fritsch, R., Zeitenwende, Putins Krieg und die Folgen, Berlin 2022

v. Fritsch, R., Welt im Umbruch, Was kommt nach dem Krieg, Bln.2023

Weidenfeld, W., Die europäische Union, Akteure – Prozesse – Herausforderungen, München 2013

**Klimawandel und Kriege offenbaren Kipppunkte** von lebensnotwendigen Systemen. Unsere Wirtschaft stagniert und die politischen Spannungen wachsen. Das ähnelt sehr der Entwicklung des Weströmischen Reiches bevor es im Jahr 476 nach Christus zusammenbrach. Aber es gibt wichtige Unterschiede, Chancen und Maßnahmen, die wir ergreifen müssen, um Roms Fehler zu vermeiden.

**Dafür brauchen wir ein fundiertes Verständnis** der großen Schwierigkeiten und klare Vorstellungen über mögliche Lösungen, am besten Zukunftsbilder und wegweisende Expertisen, **um mit Zuversicht und Tatkraft die Zukunft mitzugestalten, die wir wollen.**